"Lesen" und "Interpretieren" von Texten dominieren seit jeher den Deutschunterricht unserer Schulen. Daran wird sich in absehbarer Zeit auch kaum etwas ändern, selbst wenn ergänzende Verfahren eines "produktiven Umgangs" mit Texten vermehrt im Literaturunterricht berücksichtigt werden. Stets wird zunächst der Text zentraler BLICKPUNKT sein, und jede produktive und schöpferisch modulierende Arbeit wird nur entlang dem gelesenen Text erfolgen können. In diesem Sinne möchte die Reihe

BLICKPUNKT TEXT IM UNTERRICHT

jedem Lernenden (und Unterrichtenden) nicht mit "fertigen Interpretationen" näherkommen, sondern mit Sichtweisen und ergänzenden Materialien, die den jeweiligen Text aufschließen. Dem Leser - sei er Lernender, Lehrender oder schlichtweg an Literatur Interessierter - bleibt es überlassen, den zugrundeliegenden Entwurf von Wirklichkeit, den ein Text vermittelt, zu überprüfen und zu befragen.

BLICKPUNKT TEXT IM UNTERRICHT

verbindet dabei Hilfestellungen für das Lesen - und Verstehenkönnen von Texten mit der Absicht, zu weiter- und tiefergehender Auseinandersetzung anzuregen. Der Leser entscheidet, wie er das Angebot im Verständnis einer "produktiven Mitarbeit" nutzen will.

Einleitung

Längst sind Dürrenmatts Kriminalromane zu Standardtexten des Literatur-unterrichts geworden. Geradezu spektakuläre Erfolge feiert noch immer *Der Richter und sein Henker*, etwas weniger erfolgreich ist der *Der Verdacht*. Dürrenmatts drittem Kriminalroman *Das Versprechen* ist eine solch intensive Rezeption in der Schule bisher nicht zuteil geworden, obwohl (oder gerade weil?) er seinen beiden Vorgängern an inhaltlicher Komplexität um nichts nachsteht und sie in erzähltechnischer Raffinesse übertrifft.

Der Text ist auf der Sekundarstufe I - vielleicht mit einem Schwerpunkt auf textimmanenter Deutung - sicherlich gut lesbar.[1] Besonders geeignet erscheint er für die Arbeit auf der Sekundarstufe II, sei es mit älteren Jugendlichen auf den Gymnasien oder Gesamtschulen, sei es mit Erwachsenen auf Fachoberschulen oder Kollegs. Gerade für den Literaturunterricht im Bereich der Beruflichen Bildung bietet *Das Versprechen* mit seinen zahlreichen Bezügen zur Berufswelt vielfältige Reflexionsanreize.

Der vorliegende Band will Hilfestellungen dazu geben, ein fundiertes Leseverständnis zu entwickeln und den Roman in den Blickpunkt einer kritischen und mehrperspektivischen Betrachtung zu rücken. Hierzu mögen Materialien zur Rezeptionsgeschichte sowie begleitende Texte hilfreich sein. Gleichwohl werden punktuell auch konkrete Deutungen angestrebt, z. B. ein psychologischer Blick auf die Hauptfigur, Kommissär Matthäi, geworfen. Einige Hinweise zu Aufbau, Struktur und Gattungszugehörigkeit des Romans verfolgen eher traditionelle Wege der Textaneignung. Es schließen sich einige Überlegungen zum didaktischen - und zwar besonders zum produktionsorientierten - Umgang mit dem Text an. Bei alledem geht es nicht um eine vollständige Interpretation, sondern um Vorschläge zu Kontextuierung und Befragung des Texts mit dem Ziel, die Begegnung zwischen Text und Leser zu einem kreativen und genußvollen Ereignis zu machen.

1. Text und Autor

1.1 Lebenslauf Dürrenmatts

1921 Geboren am 5. Januar in Konolfingen, Kanton Bern, Schweiz. Vater: Reinhold Dürrenmatt, protestantischer Pfarrer; Mutter: Hulda, geborene Zimmermann. Der Großvater Ulrich Dürrenmatt, Journalist bei einer Zeitung und Berner Nationalrat, war schriftstellerisch tätig.

1935 Übersiedlung der Familie nach Bern, wo der Vater als Spitalspfarrer arbeitet.

1941 Matura (Abitur) am Humboldtianum in Bern. Beginn des Studiums der Literatur und Philosophie in Zürich.

1942 Fortsetzung des Studiums an der Universität Bern. Lektüre der griechischen Tragödien, Shakespeare, deutsche Klassiker.

1943 Erste schriftstellerische Arbeiten: Komödie, verschiedene Prosastücke, Tätigkeit als Maler und Zeichner.

1945 Erste Veröffentlichung: *Der Alte* in der Berner Tageszeitung "Der Bund".

1946 Heirat mit der Schauspielerin Lotti Geißler.

1947 Umzug nach Basel, Uraufführung von *Es steht geschrieben* am 19. April im Schauspielhaus Zürich, Geburt des Sohnes Peter, Theaterkritiken.

1948 Uraufführung von *Der Blinde* im Stadttheater Basel am 10. Januar.

1949 Uraufführung von *Romulus der Große* am 25. April im Stadttheater Basel, Geburt der Tochter Barbara, im Oktober erste Aufführung eines Dürrenmatt-Stückes in Deutschland (*Romulus der Große* in Göttingen).

1950 *Der Richter und sein Henker* erscheint als Fortsetzungsroman in "Der Schweizer Beobachter".

1951 Der zweite Kriminalroman *Der Verdacht* erscheint. Hörspiele, Prosa, Theaterkritiken, Geburt der Tochter Ruth.

1952 Umzug ins eigene Haus in Neuchâtel, am 26. März Uraufführung von *Die Ehe des Herrn Mississippi* in den Münchner Kammerspielen, Erzählungen *Der Tunnel, Die Stadt*.

1953   Am 22. Dezember Uraufführung von *Ein Engel kommt nach Babylon* in den Münchner Kammerspielen.

1956   Am 29. Januar Uraufführung von *Der Besuch der alten Dame* im Schauspielhaus Zürich, Hörspiel *Die Panne.*

1957   Drehbücher zu *Der Richter und sein Henker* und *Es geschah am hellichten Tag,* weitere Bearbeitung des Filmthemas.

1958   Kriminalroman *Das Versprechen*, Erstaufführungen von *Der Besuch der alten Dame* in New York, Warschau, Krakau, Kopenhagen, Oslo.

1959   Uraufführung von *Frank der Fünfte* am 19. März in Zürich, im Mai Reise nach New York. Preis zur Förderung des Bernischen Schrifttums für *Das Versprechen*. Erstaufführungen von *Der Besuch der alten Dame* in Madrid, Prag, London, Lissabon, Jerusalem, Tokio.

1960   Großer Preis der Schweizerischen Schillerstiftung.

1962   Uraufführung von *Die Physiker* am 20. Februar im Schauspielhaus Zürich. Erstaufführung von *Die Physiker* in Santiago, Mexiko City und Lima.

1963   Im März Uraufführung von *Herkules und der Stall der Augias* im Schauspielhaus Zürich. Weitere Erstaufführungen von *Die Physiker* in London, Amsterdam, Helsinki, Stockholm, Kopenhagen, Ljubiljana, Warschau, Buenos Aires.

1964   UDSSR-Reise im Juni, Erstaufführung von *Die Physiker* in New York.

1966   Uraufführung von *Der Meteor* am 20. Januar im Schauspielhaus Zürich sowie Erstaufführungen in London und Buenos Aires, Filmversion von *Grieche sucht Griechin.*

1967   Uraufführung von *Die Wiedertäufer* im Schauspielhaus Zürich am 16. März.

1968   *Monstervortrag über Gerechtigkeit und Recht* in Mainz. Uraufführung von *König Johann* am 18. September im Stadttheater Basel, Grillparzer-Preis der österreichischen Akademie der Wissenschaften.

1969	Uraufführung von *Play Strindberg* in der Basler Komödie, Großer Literaturpreis des Kantons Bern.
1970	Am 22. Oktober Uraufführung von *Urfaust* im Schauspielhaus Zürich, am 10. November Uraufführung von *Portrait eines Planeten*, am 12. Dezember Uraufführung von *Titus Andronicus* jeweils im Schauspielhaus Düsseldorf.
1971	Erzählung *Der Sturz*, „*Der Besuch der Alten Dame*" als Oper an der Wiener Staatsoper.
1973	Uraufführung von *Der Mitmacher* am 8. März im Schauspielhaus Zürich, Theaterarbeit in Warschau.
1976	Verleihung des Welsh Arts Council International Writer's Prize in Wales. Filmversion von *Der Richter und sein Henker*.
1977	Uraufführung von *Ein Engel kommt nach Babylon* als Oper im Zürcher Opernhaus, Uraufführung von *Die Frist* in Zürich, verschiedene Ehrendoktorate.
1978	Veröffentlichung eines Bandes *Bilder und Zeichnungen* Dürrenmatts.
1979	Großer Literaturpreis der Stadt Bern, *Stoffe*.
1980	Werkausgabe in 30 Bänden.
1981	Ehrendoktorwürde der Universität Neuchâtel anläßlich des 60. Geburtstags.
1983	Tod der Ehefrau Lotti am 16. Januar, Ehrendoktorwürde der Universität Zürich, Uraufführung der Komödie *Achterloo* im Schauspielhaus Zürich, Reisen nach Griechenland und Südamerika.
1984	Österreichischer Staatspreis für Europäische Literatur, Heirat mit der Schauspielerin, Filmemacherin und Regisseurin Charlotte Kerr.
1985	Ausstellung von Dürrenmatts zeichnerischem Werk im Neuchâtel, Roman *Justiz*, Ägyptenreise, Bayrischer Jean-Paul-Preis.
1986	Georg-Büchner-Preis der Deutschen Akademie für Sprache und Dichtung, Schiller-Gedächtnispreis.
1987	Verstärktes politisches Engagement u. a. als Teilnehmer des

Moskauer internationalen Abrüstungsforums unter der Leitung von Michail Gorbatschow.

1990   Staatspreis der CSFR, letzter öffentlicher Auftritt am 25.11. in Berlin, (Laudatio für M. Gorbatschow anläßlich der Otto-Hahn-Friedensmedaille), am 14.12. Tod durch Herzversagen.

1.2 Entstehungsgeschichte von *Das Versprechen*

Das Versprechen erscheint 1958 und damit zu einer Zeit, in der eigentlich die Dramenproduktion im Zentrum von Dürrenmatts Arbeit stand. 1956 war *Der Besuch der alten Dame* uraufgeführt worden, Dürrenmatt erarbeitete im Anschluß modifizierte Fassungen von *Die Ehe des Herrn Mississippi* und *Romulus der Große,* Vorarbeiten von *Die Physiker* (1962) wurden geleistet. Insofern ist es erstaunlich, daß in diese Zeit das Erscheinen der Kriminalgeschichte *Die Panne* (1956) und eben 1958 des Romans *Das Versprechen* fällt. Detektivromane hatte Dürrenmatt schon zuvor veröffentlicht, und zwar 1952 *Der Richter und sein Henker* und 1953 *Der Verdacht.* Er räumt offen ein, daß es ein finanzieller Engpaß war, der ihn zu diesem Genre greifen ließ, war doch gerade zu jener Zeit der Publikumsgeschmack durch die starke Präsenz amerikanischer Kriminalautoren auf diese Art der Literatur eingestimmt und insofern ein finanzieller Erfolg möglich. Dürrenmatt täuschte sich nicht, beide Titel erschienen als Fortsetzungsromane in "Der Schweizerische Beobachter" und wurden anschließend mit Erfolg in Buchform veröffentlicht. *Der Verdacht* aber schien Dürrenmatts Beschäftigung mit dem Detektivroman ein Ende zu setzen, zumal bereits dieser Roman den thematischen Rahmen der Kriminalliteratur sprengte und Zeitgeschichte aufarbeitete.

Wieso also nach fünf Jahren die Rückbesinnung auf den Kriminalroman? Dürrenmatt erhielt 1957 von dem Produzenten Lazar Wechsler den Auftrag für eine Filmerzählung, in der es um Sexualverbrechen an Kindern gehen sollte. Im Nachwort zu *Das Versprechen* betont Dürrenmatt die pädagogische Zielsetzung des Films. Es ging ihm darum, "vor dieser leider immer häufigeren Gefahr zu warnen". Heinz Rühmann spielte in diesem Film, der den etwas reißerischen Titel "Es geschah am hellichten Tag" bekam, die Rolle des Kommissars Matthäi. Im Film wird die Figur des Detektivs nicht weiter problematisiert. Am Ende kommt es zu dramatischen Schlußsequenzen, aber der Fall wird doch glücklich gelöst und der Mörder (dargestellt von

Gert Fröbe) mit Hilfe von Matthäis intelligentem Plan gefaßt, bevor er sich an Annemarie vergreifen kann. Dürrenmatt hat selber an den Dreharbeiten mitgewirkt, und er betont in seinem Nachwort, daß das Resultat seinen Intentionen "im Wesentlichen entspricht". Dennoch muß nach Fertigstellung des Films eine Unzufriedenheit mit der vergleichsweise banalen Behandlung des Themas zurückgeblieben sein, so daß sich Dürrenmatt "noch einmal an die Arbeit machte" und sie "jenseits des Pädagogischen" fortführte. Wesentliche Änderungen im Roman gegenüber dem Film sind die Einführung von Schrotts Autounfall, die dadurch gescheiterte Verhaftung des Mörders und die darauf sich gründende Demontage der Detektivfigur.

1.3. Der Inhalt in Kürze

Der Ich-Erzähler trifft, nachdem er einen Vortrag über das Verfassen von Kriminalromanen gehalten hat, in der Bar seines Hotels in Chur den ehemaligen Kommandanten der Zürcher Polizei, Dr. H., und nimmt dessen Angebot an, ihn am nächsten Tag nach Zürich mitzunehmen. Unterwegs halten sie an einer heruntergekommenen, dem Kommandanten offenbar bekannten Tankstelle und trinken in der dazugehörigen Bar Kaffee. Bei der Abfahrt macht der verwahrloste und verblödete Tankwart die rätselhafte Bemerkung: "Ich warte, ich warte, er wird kommen, er wird kommen." Im weiteren Verlauf der Fahrt äußert sich der Kommandant kritisch über Kriminalromane und erzählt die Geschichte des verwirrten Tankwarts, der einst sein "fähigster Mann" gewesen sei. Sein Name ist Matthäi, und vor neun Jahren, als er auf dem Höhepunkt seiner Karriere war, wollte er eigentlich einen Posten in Jordanien antreten, um die dortige Polizei organisatorisch zu unterstützen. An seinem letzten Arbeitstag in Zürich erreicht ihn ein Anruf des ihm bekannten Hausierers van Gunten, der in Mägendorf, einem kleinen Ort nahe Zürich, die übel zugerichtete Leiche eines kleinen Mädchens entdeckt hat. Van Gunten ist wegen eines Sittlichkeitsdelikts an einer Vierzehnjährigen vorbestraft und befürchtet nun, für den Mord an dem Mädchen verantwortlich gemacht zu werden. Matthäi trifft bald ein und leitet zunächst die Ermittlungen. Am Fundort ist das Mädchen schnell als Gritli Moser identifiziert, und Matthäi übernimmt es, die Eltern über den Tod ihres einzigen Kindes zu informieren. Während des Gesprächs mit den Eltern gibt Matthäi trotz seiner unmittelbar bevorstehenden Abreise das Versprechen, den Mörder zu finden. Als die Polizisten mit van Gunten nach Zürich fahren wollen, versuchen die aufgebrachten Mägendorfer dies zu verhindern. Sie halten den Hausierer für schuldig und fordern seine Herausgabe. Durch kluges Argumentieren kann Matthäi die Leute davon überzeugen, daß es der Gerechtigkeit halber nötig ist, zunächst die Schuld des Hausierers einwandfrei festzustellen, und erreicht schließlich freien Abzug.

Auf Matthäis Anraten wird sein bisheriger Stellvertreter Henzi mit den Ermittlungen beauftragt. Dieser ist sehr an einem schnellen Erfolg interessiert und will Matthäis und des Kommandanten Zweifel an van Guntens Schuld nicht teilen. Unter dem Druck eines zwanzigstündigen Kreuzverhörs treten einige Indizien zutage, die gegen den Hausierer sprechen. Schließlich legt er ein Geständnis ab und erhängt sich anschließend in seiner Zelle. Der Fall scheint somit gelöst.

Matthäi hält zunächst an seinem Vorhaben fest, nach Jordanien zu reisen, entschließt sich aber im letzten Augenblick zu bleiben, als er auf dem Flughafen eine Schar Kinder sieht. Am nächsten Morgen setzt er den Kommandanten von seinen Zweifeln an der Schuld des Hausierers in Kenntnis. Da er aber offiziell kein Mitglied der Kantonspolizei mehr ist und der Kommandant ihm den Wiedereintritt verwehrt, kann er nur als Privatmann weiterermitteln. In Mägendorf erfährt er von der kleinen Ursula, daß das Gritli einen mysteriösen "Igelriesen" gezeichnet hat. Matthäi sieht darin das mögliche Portrait des Mörders. Inzwischen hört der Kommandant von erheblichen Charakterveränderungen des ehemaligen Abstinenzlers Matthäi, der nun raucht und große Mengen Alkohol trinkt. Er spricht mit dem Psychiater Dr. Locher, den Matthäi aber ohnehin aufsuchen möchte, um über den Fall Moser zu sprechen. Matthäi erhält von Dr. Locher ein Psychogramm des Mörders, das seine Theorie bestätigt. Er vermutet nun, daß es sich um einen geisteskranken Triebverbrecher handelt, der bei nächster Gelegenheit wieder morden wird. Nach seiner Theorie muß der Täter an einer bestimmten Straße entlangfahren. Deshalb läßt er sich dort mit der ihm bekannten ehemaligen Prostituierten Heller als Tankwart nieder und setzt deren Tochter Annemarie ohne ihr Wissen als Lockvogel ein. Tatsächlich scheint der Mörder mit Annemarie Kontakt aufzunehmen, aber als Matthäi und die Polizeibeamten ihm im Wald auflauern, kommt er nicht. Nach langem Warten geben die Polizisten auf, aber Matthäi will - auch als es völlig sinnlos erscheint - weitermachen.

Viele Jahre später, in denen Matthäi, nunmehr völlig verblödet, an seiner Tankstelle auf den Mörder wartet, erfährt der Kommandant, daß Matthäis

Theorie stimmte. Die greise Frau Schrott beichtet ihm und dem Pfarrer auf dem Sterbebett, daß ihr psychopathischer Ehemann insgesamt vier kleine Mädchen, darunter das Gritli Moser, ermordet hat. Als er im Begriff war, einen weiteren Lustmord, nämlich den an Annemarie, zu begehen, kam er bei einem Autounfall ums Leben. Matthäi wird vom Kommandanten über den Sachverhalt informiert, kann ihn in seiner geistigen Verwirrung aber nicht mehr begreifen.

2. Text und Leser

2.1 Wort- und Sacherklärungen

(Die Seitenangaben beziehen sich auf die Ausgabe als Diogenes Taschenbuch 20852.)

Kapitel 1

S. 11	Chur	- Hauptstadt d. schweizer. Kantons Graubünden
	Emil Staiger	- schweizer. Germanist (*1908)
	einlogiert	- einquartiert
S. 12	eidgenössischen	- hier: schweizerischen
	Graubünden	- Kanton der Schweiz
S. 14	Absinth	- Wermutschnaps

Kapitel 2

S. 17	Walensee	- See im Kanton St. Gallen
	Nationalrat	- Abgeordneter des nationalen Parlaments
S. 18	das Inkommensurable	- das Nicht-in-Einklang-zu-Bringende
	Kausalität	- der Zusammenhang von Ursache und Wirkung
S. 20	Metier	- hier: Beruf
S. 21	Eidgenossenschaft	- der schweizerische Staat
	Amman	- Hauptstadt von Jordanien
	reorganisieren	- neu ordnen
	Liquidierung	- Aufräumen, Leerräumen

Kapitel 3

S. 22	Hausierer	- Kleinhandel treibender Wandersmann

Kapitel 4

S. 24	Gemeinwesen	- hier: Dorf
	klassizistisch	- in einem Stil des 19. Jahrhunderts
	annektieren	- vereinnahmen
	Konzessionen	- Zugeständnisse
S. 26	Sanität	- Krankenwagen
	Geißel	- Peitsche
S. 27	Brissago	- Zigarrensorte

Kapitel 6

S. 30 Antlitz — veraltet für Gesicht

Kapitel 7

S. 35 Gemeindepräsident — vergleichbar dem Bürgermeister

Veltliner — Wein aus dem Veltlin

S. 36 Lynchjustiz — spontane Verurteilung (meist Hinrichtung) einer aufgebrachten Menge

S. 37 Tschugger, Schroter — abwertend für Polizist

Kapitel 9

S. 46 rapportieren — berichten

opulent — üppig

Twanner — Wein aus Twann

S. 47 SSB-Station — Bahnhof der Schweizer. Staatsbahn

S. 48 Château-neuf-du-Pape — französische Weinsorte

perfide — hintertrieben

S. 49 Lausanne — Hauptstadt d. schweizer. Kantons Waadt

Kapitel 10

S. 51 Choral — mehrstimmiger geistlicher Gesang

Kapitel 11

S. 56 dubios — zweifelhaft

S. 57 Miró — spanischer Maler (1893 - 1983)

ab "Voiture" — vom fahrbaren Buffet

Kapitel 13

S. 59 Patent — hier: Genehmigung

S. 64 diskret — hier: zurückhaltend

S. 65 Emmentaler, Greyerzer, Tilsiter, Gorgonzola — Käsesorten

S. 65 seziert — aufgeschnitten

Kapitel 14

S. 68 Gipfel — Gebäcksorte, Hörnchen

Kapitel 18

S. 74 partout — unbedingt

S. 77 Dilletantismus — fachliche Unbedarftheit, Stümperei

Kapitel 19

S. 79 Tram — Straßenbahn

16

	Sonderbundskrieg	- schweiz. Bürgerkrieg (1847)
	Suerdick	- Zigarrensorte
	Brown-Boveri	- schweiz. Elektrokonzern
S. 151	unflätig	- ordinär
	Kaskade	- hier: Wortschwall
S. 152	Militarist	- Armeeangehöriger
S. 154	Velo	- Fahrrad
S. 159	Bonbonniere	- Bonbonglas
	Buick	- amerikanisches Automobilfabrikat

2.2 Vier Rezensionen

2.2.1 Am 15.06.1958 rezensiert Wolfgang Grözinger *Das Versprechen* in der "Süddeutschen Zeitung":

Mit diesem Anti-Kriminalroman legt der Schweizer Autor ein bezeichnendes Belegstück für die Verschiedenartigkeit von Film und Literatur vor. Wie er in einem Nachwort zu seinem Buch mitteilt, erhielt er zu Beginn vorigen Jahres von einem Filmproduzenten den Auftrag, eine Filmerzählung über das Thema "Sexualverbrechen an Kindern" zu schreiben. Dürrenmatt lieferte die gewünschte Erzählung, die er dann zusammen mit dem Filmregisseur Ladislao Vajda zu einem Drehbuch verarbeitete, das die Grundlage für den Film "Es geschah am hellichten Tag" ergab. Aber der Stoff ließ den Autor nicht los. Dürrenmatt machte sich noch einmal an die Arbeit und "dachte die Fabel weiter, jenseits des Pädagogischen". So entstand "Das Versprechen".

Es ist immer interessant, wenn bei einem Schriftsteller, der einen Auftrag mit den Mitteln seines Handwerks recht und schlecht ausführte, plötzlich das literarische Gewissen erwacht und er sich nun Rechenschaft darüber gibt, was er sich selbst und seinem Stoff schuldig ist. Im Fall Dürrenmatt waren es die Konventionen des Kriminalromans und Kriminalstücks, gegen die sich der Autor nachträglich auflehnte, die er plötzlich als unwahr empfand, jene stillschweigende Vereinbarung zwischen Schreiber und Leser, daß Polizei und Detektiv die Wahrer der sittlichen Weltordnung sind und mit überlegener Logik den Verbrecher zur Strecke bringen. Warum, so fragte er sich, sollen eigentlich diese Leute vom Risiko der Existenz, von den Unsicherheiten und Zufälligkeiten des Lebens ausgenommen sein und wie überirdische Wesen, wie rächende Engel über der Misere schweben? Projiziert nicht der Bürger sein Sekuritätsbedürfnis auf diesen Beruf?

Umgibt er ihn nicht nur deshalb mit einem Nimbus, um von Bedenken ungestört am warmen Ofen zu schmökern und seine Weltanschauung bestätigt zu sehen? "Das Versprechen" hebt also das freie Geleit für den Detektiv, den Bekämpfer des Bösen, den Entlarver der Übeltäter auf und macht ihn zu einer tragischen Figur. Wie das im einzelnen vor sich geht, wie der Autor die Rechnung von Spannung und Enthüllung auf seine Weise kalkuliert und dabei den "naiven" Kriminalroman noch überbietet, wollen wir nicht verraten. Erzählt ist das alles mit der täuschenden Behäbigkeit, mit der dieser Schwyzer Bär über Abgründe hinwegzusetzen versteht, in die behendere und witzigere Autoren rettungslos hineinpurzeln. Ob Dürrenmatt freilich ein Requiem auf den bereits verstorbenen "Krimi" geschrieben hat, möchten wir bezweifeln. Die Gattung dient einem menschlich-allzumenschlichen Bedürfnis und dürfte daher kaum auszurotten sein.

2.2.2 Der amerikanische Schriftsteller Saul Bellow am 28.03.1959 in der New Yorker "Saturday Review":[2]

Friedrich Dürrenmatt schreibt Stücke, Kritiken, Hörspiele, Drehbücher für Film und Fernsehen und Kriminalromane. Oscar Wilde hat einmal bemerkt, daß ein Schriftsteller fähig sein sollte, irgend etwas zu schreiben. Vielleicht ist die Fähigkeit, *irgend etwas* zu schreiben, nichts, worauf man besonders stolz sein sollte, doch habe ich Wildes Bemerkung stets für treffend gehalten. Übergibt man einem Schriftsteller einen Fall, so sollte er ihn verfechten können. In dieser Hinsicht gleicht er einem Rechtsanwalt, der seinem Klienten mit Objektivität dient, ohne Rücksicht auf Schuld und Unschuld des Klienten. Wie dem auch sei, Mr. Dürrenmatt erfüllt Wildes Anforderungen. Er ist ein guter Handwerker, seine Talente und Interessen sind vielfältig, und er geht an die Komposition von Stücken und Kriminalromanen mit der Auffassung heran, daß ein Schriftsteller geschickt, lebhaft, elegant, beschlagen und kultiviert sein sollte. Während er die Massen unterhält, ist es andererseits offensichtlich, daß er sich auch selber amüsieren will. Er nimmt eine Haltung an, die bei einigen unserer besten Schriftsteller sehr beliebt ist, jene eines Römers aus der Spätzeit des Imperiums, einen goldenen Überdruß. Mr. Dürrenmatt hat sich für einen dichten Stil und eine strenge Form entschieden, doch die spätrömische Stimmung ist da ... Mir gefällt Mr. Dürrenmatt sehr.

2.2.3. Ernst Johann am 23.05.1959 in der "Frankfurter Allgemeinen Zeitung":

Friedrich Dürrenmatt nennt dieses Buch einen Roman - um Verwechslungen vorzubeugen, und "ein Requiem auf den Kriminalroman", um etwas zu beweisen. Die Verwechslungsmöglichkeit ergibt sich aus dem Umstand, daß der gleiche Stoff den Inhalt für einen Film (nach Dürrenmatt): "Es geschah am hellichten Tage" abgab, und mit dem Beweis hat es folgendes auf sich: Der Verfasser war zur Lieferung einer Filmerzählung aufgefordert worden, welche (verbunden mit einer unaufdringlichen Warnung) das Thema der Sexualverbrechen an Kindern behandeln sollte. Die Bestellung wurde ausgeführt, und der Film so gedreht, daß sein Verfasser damit zufrieden sein konnte. Das ist eine Sache für sich. Die andere ist die, daß Herrn Dürrenmatt, der ja kein Neuling des kriminalistischen Genres ist, im Laufe der Filmarbeit die Figur eines geradezu genialen Detektivs sich aufdrängte. Diesen Mann in seiner Vollkommenheit stürzen zu sehen, machte nun das nächste intellektuelle Vergnügen seines Urhebers aus. Das Ergebnis ist dieses Buch, das "notgedrungen über das Ziel schießt, das der Film als Kollektivarbeit sich setzen mußte": ein Roman. Doch das Requiem?

Dürrenmatt läßt die Figur seines vollkommenen Entlarvers an einem alltäglichen Zufall scheitern, an einem Verkehrsunglück, das den Täter daran hindert, ein ihm vorfabriziertes geliefertes Verbrechen auszuführen. "Nichts ist grausamer als ein Genie, das über etwas Idiotisches stolpert" - und dieses simple Hineinmischen des Zufalls nennt Dürrenmatt schon "den Fall des Detektivs", schon "eine Kritik an einer der typischsten Gestalten des neunzehnten Jahrhunderts". Und er hält seine Entdeckung für so tödlich, daß er das "Requiem" für berechtigt ansieht.

Doch man soll sich vor Abgesängen hüten. Davon abgesehen, daß auch nur leidlich erfahrene Leser von Kriminalromanen ziemlich bald den Fehler im Verhalten des Detektiv-Musters entdecken - (hätte er, auf der Auto-Lauer liegend, nicht auch die Auto-Unfälle der Umgebung registrieren sollen?) -, davon abgesehen, gehört der Zufall zum Kriminalroman wie der schmutzige Daumen zur Handzeichnung.

Dürrenmatts Musterkommissar geht an seiner Vollkommenheit zugrunde; das gibt seinem Buch eine tragische Spannung, für die Zukunft hat der Fall weiter keine Folgen.

2.2.4 Walter Jens am 01.12.1978 in "DIE ZEIT":

Ein unterschätztes Buch? Weit mehr: ein, in Anbetracht seiner Bedeutung, nahezu unbekanntes. Scheinbar ein Nebenwerk, in kurzer Zeit niederge-schrieben, um das Drehbuch zum Film "Es geschah am hellichten Tag" bis zur letzten, will heißen: schlimmstmöglichen Konsequenz zu durchdenken - und in Wahrheit ein großer Roman, das epische Seitenstück zum "Besuch der alten Dame".

Zwei umgekehrte Lebensläufe: Claire Zachanassian, die alte Dame, die es vom Dorf-Aschenputtel zur Millionärin bringt, vom Opfer zum Racheengel, und der Kommissär Dr. Matthäi, ein ob seines Scharfsinns (*"ein Mann der Organisation, der den Polizeiapparat wie einen Rechenschieber handhab-te"*) hoch angesehener Oberleutnant, dem am Ende nichts als Suff, Verblö-dung und Wahn bleibt.

Was witzig, beiläufig und schweizerisch beginnt - der Autor trifft vorm *"Einnachten, bei tiefliegenden Wolken und tristem Schneegestöber"* in Chur ein, um einen Vortrag über die Kunst des Kriminalromans zu halten; aber das Echo ist deplorabel, da zur gleichen Zeit Emil Staiger in der Aula des Gymnasiums über den späten Goethe spricht - was salopp und höchst realistisch einsetzt, mit Whisky, Medomin und Bodennebel, erweitert sich auf einer zweiten und dritten Erzähleben zu einem metaphysischen - aber wirklichkeitsträchtigen - Traktat über das Thema "Verbrechen und Zufall".

Der Fall des Organisationsgenies Matthäi gewinnt den Charakter eines Paradigmas: Ein Mann geht zugrunde, weil er den Eltern eines ermordeten Mädchens *"bei seiner Seligkeit"* versprach, den Täter zu finden - im Glauben, daß sich dort, wo einer Gelübde ablegt, ebenso logisch operieren lasse wie in der zufallslosen Welt des Alltagsverbrechens. Doch eben dies erweist sich als Irrtum des *homo faber* im Polizeibüro (die Beziehungen zwischen dem "Versprechen" und Max Frischs Roman liegen auf der Hand): Ein auf sein Seelenheil eingeschworener Routinier ist kein Techniker mehr, sondern ein Mensch, der in der Auseinandersetzung mit dem Verbrecher - einem Kindermörder, der auf dem Weg zur letzten Tat tödlich verunglückt - um seine Existenz kämpft: dem Zufall und der Absurdität ausgesetzt. Je genialer sein Plan, je perfekter seine Konstruktion, desto gnadenloser das Scheitern. Ein automobilistisches Mißgeschick - Albertchen, der Mann mit dem Rasiermesser, ist eine Sekunde lang nicht ganz bei der Sache -, und schon für immer verspielt!

Ein Requiem auf den Kriminalroman, wie der Untertitel dieser vielfach verschachtelten, von Intelligenz, Realismus und Phantasie nahezu berstenden Geschichte heißt? Man kann das akzeptieren: vorausgesetzt, daß auch "König Ödipus" als Kriminalroman akzeptiert wird. Denn Kommissär Matthäi, der Logistiker in Schnapsdunst und Lumpen, hat mit seinem griechischen Vorbild, diesem großen Allesplaner und Allesbeherrscher, nicht nur den Verstand und nicht nur die Blindheit und nicht nur das Scheitern, sondern auch die Tragik gemein - eine Tragik freilich, die sich im Fall Matthäi deshalb lediglich als Mißgeschick erweist, weil der um seine Seligkeit fechtende Polizist (der bei seinem besessenen Kampf selbst vorm Menschen-Einsatz nicht zurückschreckt: Alles dem einen Ziel untergeordnet, die Schachpartie gegen Unbekannt bis zum Sieg durchzuführen), weil dieser Kommissär in einer Welt lebt, in der, wie es in Dürrenmatts "Theaterprobleme" heißt, "Kreons Sekretäre den Fall Antigone erledigen".

Was bedeutet, daß Ödipus heute nicht mehr Kolonos Auferstehung feiern kann, sondern an einer Graubündner Landstraße als Tankstellenwart dahinvegetiert: ein Opfer des Zufalls - aber, vielleicht, ein *seliges*.

2.3 Literarische Rezeption

Inwieweit und auf welche Weise "Das Versprechen" seine Spuren in der nachfolgenden Literaturproduktion hinterlassen hat, ist in Einzelfällen wenig nachgewiesen. Womöglich ist das Werk zuwenig kanonisiert, als daß dies als lohnendes Forschungsvorhaben gesehen würde. Einige Einflüsse sind aber festgestellt worden.[3] Beispielsweise wird auf die Kriminalromane des Spaniers Manuel Vázquez Montalbán hingewiesen, die eine vergleichbare gesellschaftskritische Haltung aufweisen. Ferner zeigen sich konkrete thematische und strukturelle Parallelen zwischen *Das Versprechen* und Manfred Schwarz` Theaterstück *Das andere Gesicht* von 1964, bei dem es ebenfalls um einen lange zurückliegenden Mord geht, der aus doppelter Perspektive, der des Mörders und der des Detektives, geschildert wird. Weitere Werke, bei denen Einflüsse Dürrenmatts gesehen werden, sind die Romane des Schweizer Autors und Psychiaters Walter Vogt, namentlich die Titel *Wüthrich* (1966), *Melancholie* (1967), *Der Vogel auf dem Tisch* (1968) und *Der Wiesbadener Kongreß* (1972). Einflüsse auf die Arbeit von Jürg Acklin, Beat Brechbühl, Peter Bichsel, Werner Matthias Diggelmann werden vermutet. Insgesamt beklagt Gerhard P. Knapp "eine eklatante Forschungslücke"[4] in der Wirkungsgeschichte von Dürrenmatts Werk. Diese zu schließen wäre zwar "ein aufwendiges Unternehmen",[5] könnte aber jetzt gut in Angriff genommen werden, da das Werk Dürrenmatts nun abgeschlossen ist.

2.4 Urteile der Literaturwissenschaft

Bernhard Ashbrook (1964):

The superior quality of *Das Versprechen* is at once obvious in both the style and the structure of the novel. The writing is spare and disciplined, the central narrative simple and direct, with none of the purple patches and sententious moralising which mar the previous novels. This new simplicity and economy is a direct consequence of the narrative structure; Dürrenmatt employs a double framework to enclose his story which is related by a character in the novel to the author as first-person narrator.

Armin Arnold (1981):

Bei Dürrenmatt wird Matthäi wiederholt als "Genie" bezeichnet, das am "Zufall" gescheitert ist. Gescheitert ist er an seiner Dummheit. Er mußte doch - wie Maigret - an die Möglichkeit denken, daß der Mörder aus irgend einem Grund nicht erscheinen würde. Da dieser im Auto, in einem amerikanischen Wagen, erwartet wurde, hätte es Matthäis erster Schritt sein müssen, sich zu erkundigen, ob nicht in der Nähe ein Unfall, an dem ein solches Auto beteiligt war, geschehen sei. "Jawohl", hätte die Antwort gelautet, "ein großer Mann, Herr Schrott, ist mit seinem alten, schwarzen Buick zehn Kilometer von dort mit einem Lastwagen zusammengestoßen". Der Fall wäre gelöst gewesen. Und hat denn am folgenden Tag keiner von den Polizisten die Zeitung gelesen - die Rubrik "Unglücksfälle und Verbrechen", Pflichtlektüre für jeden Schweizer Landjäger?
D. H. Lawrence hat darauf hingewiesen, daß die Absicht des Autors und die Moral der Geschichte oft widersprüchlich seien und empfohlen: Vertraut der Geschichte, nicht dem Autor! Dürrenmatts Dr. H. preist das außerordentliche Talent von Matthäi. Der Roman aber beweist, daß er weder Charakter noch ein nur durchschnittliches Maß an Intelligenz besitzt. Es fehlt ihm nicht nur an der Kenntnis der polizeilichen Routine, er ist auch phantasielos und stur. Er scheint sogar für Henzis kriminelle Verhörmethoden verantwortlich zu sein. Matthäi weiß, daß von Gunten unschuldig ist, bringt aber nicht die Energie auf, ihn zu retten. Nachdem er einmal annimmt, der Mörder fahre einen amerikanischen Wagen mit Graubündner Nummernschild, hätte es der Falle nicht bedurft: die wenigen Wagen dieser Art wären bald kontrolliert worden. Wie gesagt: wenn dann der Mörder im bestimmten Moment nicht erscheint, wären Telefongespräche mit der Unfallzentrale und dem Kantonsspital Chur das Nächstliegende. Indem die primitivsten Gegebenheiten des täglichen Lebens, des Krimis, der Polizeiroutine ignoriert werden,

verlieren auch die tiefsinnigsten Gespräche über Leben, Logik, Zufall und über das Absurde ihre Grundlage, denn alles, was die Geschichte beweist, ist die phänomenale Inkompetenz der Polizeibeamten, die vergessen haben, daß es Autounfälle geben kann und daß jeder Mensch sterblich ist. Maigret hatte eo ipso damit gerechnet, daß der Mörder, aus allen möglichen Gründen, nicht in die Falle gehen würde. Auch die Zürcher Polizei hätte ja an den Präzedenzfall von Jack the Ripper denken müssen. Dürrenmatts Film ist ein Meisterwerk, sein Roman über weite Strecken vorzüglich geschrieben, das Ende aber eine Beleidigung für den gesunden Menschenverstand.

Ernst-Peter Wieckenberg (1984):

Blickt man von Dürrenmatts drittem Kriminalroman zurück auf die beiden früheren, so stellt sich der Erzählvorgang in ihnen als der - bewußt oder unbewußt unternommene - Versuch dar, den Detektivroman als eine fingierte Figur der Ästhetik aus seiner Erstarrung zu befreien. Das gelingt erst in dem letzten der drei Werke, und zwar nur deshalb, weil Dürrenmatt inzwischen offensichtlich erkannt hat, daß der Weg zu solcher Befreiung nur über die vollständige Zerstörung der überlieferten Kunstform führt. Die Zerstörung findet vor den Augen des Lesers statt, indem der Detektivroman als Form mit einem sedimentierten Inhalt noch einmal sichtbar wird und das Werk die vorgefundene Gestalt, nach Dürrenmatts Wort, "wieder zum Stoff macht".

Ueli Niederer (1989):

In *Das Versprechen* endlich hält der Zufall triumphal Einzug, macht sich die Menschen untertan und läßt als schlimmste Entwicklung Wahnsinn, Zerfall und Einsamkeit zurück. Die Wirklichkeit bricht mit Macht in die bloß wirklichkeitsnahen Konstruktionen Matthäis ein und hält mit tödlicher Sicherheit die Balance zwischen Recht-behalten und Nicht-Recht-behalten in immerwährender Schwebe. So genau paßt das, daß man sich plötzlich um die Präzision, die Planmäßigkeit dieses Zufalls zu wundern beginnt. Solche Zufälle hätten bei weiterer Verwendung wahrscheinlich sehr schnell sehr viel von ihrer Sprengkraft verloren.

3. Text im Gespräch

3.1 Personenanalysen

3.1.1 Matthäi

Die Figur Matthäis wird im Roman von zwei Personen kolportiert. Die Schilderung des heruntergekommen alten Mannes im ersten Kapitel erfolgt aus der Perspektive des Ich-Erzählers, alle weiteren Aussagen werden von dem Kommandanten als Erzähler der Binnenhandlung gemacht. Dabei ist eine variierende Nähe des Kommandanten zu seinem Objekt auszumachen. In manchen Situationen bleibt es bei einer großen Distanz und entsprechend vorsichtiger Interpretation und Wertung von Matthäis Denken und Tun ("Er schien meine Gedanken zu erraten.", S. 49; "Auch Matthäi schien unruhig", S. 51), bei anderen Gelegenheiten nimmt der Erzähler eine omniszente Position ein und offenbart Einblicke in Matthäis Gedanken und Gefühlswelt ("Matthäi wollte noch etwas Tröstliches sagen und wußte nichts Tröstliches", S. 33; "Eine unerklärliche Traurigkeit befiel ihn. Er war mutlos wie noch nie", S. 85).

Vordergründig ist die Entwicklung Matthäis als die von einem korrekten, verstandesgelenkten Kriminalisten zu einem voller Leidenschaft für seine Idee Besessenen darstellbar.[6] In einem solchen Modell wird die Schilderung hinsichtlich der Hauptfigur als symmetrisch verstanden. Die Flughafenszene ist Mittelachse des Romans und gleichzeitig der Wendepunkt in Matthäis Persönlichkeitsentwicklung. Vor diesem Wendepunkt ist Matthäi Verstandesmensch, danach ist er vom Wahnsinn bestimmt. Diese Sicht mag für ein erstes grobes Verständnis Orientierung bieten, läßt allerdings eine Reihe von Informationen des Textes zu seiner Hauptfigur außen vor. Ein erschöpfenderes Bild der Detektivfigur ergibt sich, wenn man zwei zentrale Aspekte seiner Persönlichkeitsstruktur, Rationalität und Emotionalität, durch den Text hindurch verfolgt und ihr Verhältnis zueinander in den Blick nimmt. Auf diese Weise lassen sich sechs Stationen oder Phasen seiner Persönlichkeitsentwicklung ausmachen.

Matthäis Persönlichkeitsentwicklung in sechs Stationen

1. **Matthäi als genialer Logiker** (ausschließlich rationalistisches Weltbild, dabei ohne erkennbare Emotion, beziehungslos; Kap. 2-6)

2. **Emotionalisierung** (Erschütterung der emotionslosen Haltung während des Besuchs bei Mosers, Versprechen; Kap. 7)

3. **zeitweilige Stabilisierung** (Fortführung der alten Rolle, gleichzeitig unterschwellige Verunsicherung; Kap. 8-16)

4. **Durchbruch des empathischen Impulses** (Flughafenszene, Entschluß zur Fortführung der Ermittlungen; Kap. 17, 18)

5. **Persönlichkeitsveränderung** (Verlust der Position, der Plan mit gutem Zweck, aber emotionsloses Verhaltensmuster; Kap. 18-27)

6. **Wahn** (Scheitern des Plans, Realitätsverlust, Verwahrlosung; Kap. 1+30)

1. Der Kommandant beschreibt Matthäis Qualitäten vor dem Fall Moser mit einer Reihe von Superlativen. Er sei sein "fähigster Mann" gewesen und ein "Genie, und das in einem größeren Maße" als die Detektive der Kriminalliteratur (S. 19). Außerdem wird sein Verstand als "überragend" bezeichnet. Matthäi hat den beträchtlichen Rang eines Kommissärs inne, ist promovierter Jurist und "auf dem Höhepunkt seiner Karriere". Seinen Beruf übt er außerordentlich erfolgreich aus, er handhabt "den Polizeiapparat wie einen Rechenschieber". Daneben wird er aber auch als "einsam" geschildert, als "unpersönlich, formell, beziehungslos" und humorlos (S. 20). Matthäi ist unverheiratet, wohnt seit vielen Jahren im Hotel, und seine offenbar einzige familiäre Bindung ist die verwitwete Schwester in Dänemark (S. 21). Er arbeitet "hart und unermüdlich", ist dabei selber "hart und unbarmherzig" (S. 20). So ist es kein Wunder, daß er den Kollegen verhaßt ist, und der Kommandant sich als Matthäis einziger Sympathisant sieht. Zu dieser

Wesensart paßt die besonders korrekte Kleidung, seine Abstinenz von Alkohol und Nikotin.

Diese Hinweise lassen sich nicht auf die Formel 'Verstandesmensch' reduzieren. Zwar ist die Neigung zu einer formal-rationalistischen Weltsicht offenkundig, doch muß man sie im Zusammenhang mit den nicht weniger offensichtlichen emotionalen Verkümmerungen wahrnehmen. Hier wird ein Mensch gezeichnet, dem die Kontaktaufnahme mit seinen Mitmenschen mißlingt, der sich als Folge seiner emotionalen Hilflosigkeit auf einen ausschließlich formalen Umgangsmodus mit seiner Umwelt eingerichtet hat. Sein überdurchschnittlicher Intellekt hat es ihm möglich gemacht, dabei einen gesellschaftlich akzeptierten Weg erfolgreich zu gehen, doch kann das nicht über die Ausmaße seiner emotionalen und sozialen Isolierung hinwegtäuschen. Matthäis sprachliches Verhalten am Fundort der Leiche (Kap. 5) kann davon einen Eindruck geben. Von den insgesamt 25 Äußerungen des Kommissars in dieser Szene haben fünf imperativen Charakter ("Führt die Kinder weg."; "Sperrt ab"), elf sind Fragen, zum Teil in ihrer knappstmöglichen Form ("Kennen Sie das Mädchen, Riesen?"; "Wo wohnen die Eltern?"), und siebenmal werden elliptische Wendungen benutzt ("Spuren?"; "Brezeln."; "Ein Sexualverbrechen."). Dieses Sprachverhalten ist natürlich auch eine Folge der hierarchischen und inhaltlichen Bedingungen dieser Szene. Matthäis Sprachstil macht aber darüber hinaus deutlich, daß er sich in seiner Kommunikation mit anderen Menschen auf seinen hierarchischen Vorteil stützt und seine Äußerungen rein funktional und denkbar kurz gestaltet. Es ist dies der verbale Ausdruck seines ängstlichen Bemühens, sich "nicht mit der Welt (zu) konfrontieren" und sie zu "beherrschen wie ein Techniker" (S. 93).

2. Aber genau diese Konfrontation steht an, als er - in der trügerischen Sicherheit der überlegenen Pose - beinahe gleichmütig die Aufgabe übernimmt, die alle anderen angstvoll abgelehnt haben, nämlich die Eltern des Gritli Moser von dem Tod ihres einzigen Kindes zu benachrichtigen. Was sollte er, der emotional Unberührbare, in einer solchen Situation zu fürchten haben? Doch bald schon stellt sich eine Unsicherheit ein, die ihn dazu bewegt, statt mit dem Wagen zu Fuß zu gehen, denn "er wollte Zeit gewinnen" (S. 30). Bereits beim ersten Blickkontakt mit Herrn Moser ist er ratlos, weiß nicht das Rechte zu sagen, obwohl er schon darüber nachgedacht hat. In seiner Hilflosigkeit beginnt Matthäi - nahezu wie im Verhör - Fragen zu stellen, offenbar, um die emotionsträchtige Mitteilung hinauszu-

zögern. Für einen Moment erscheint Matthäi sogar völlig von seinem Gefühl abgespalten, verläßt sozusagen emotional die Szene. Als er den Mosers sagt, daß das Gritli ermordet wurde, hört sich Matthäi nämlich "mit einer Stimme (sprechen), die ohne Mitgefühl zu sein schien, was ihn ärgerte" (S. 31). Matthäi steht hier außerhalb seiner selbst, er hört seine Stimme wie von außen, an die Stelle mitfühlender Betroffenheit setzt er seinen Ärger über ihr Fehlen. Mit Blick auf die weitere Entwicklung des Detektivs läßt sich in dieser Reaktion hier ein Vorbote der psychischen Desintegration sehen, die letztlich im Wahnsinn kulminiert. Im folgenden aber und womöglich als Reaktion auf Mosers bedrohliche Geste mit dem Beil kehrt Matthäi in die Situation zurück und wird wahrhaft von ihr ergriffen. "Er wußte auf einmal, daß er diese Szene nie mehr vergessen würde."(S. 32) Gefangen in seiner Hilflosigkeit wird er von Frau Mosers Frage nach dem Mörder so überrascht, daß er erschrickt, eilfertig Aufklärung verspricht, und zwar bei seiner Seligkeit. Matthäi ist so erschüttert, daß er artig dem Befehl der Frau nachkommt zu gehen, während ihm noch drohend ihm Ohr klingt, "Sie haben bei Ihrer Seligkeit geschworen."(S. 32) Matthäi erlebt ein weiteres Mal seine Unfähigkeit zur inneren Anteilnahme. Er weiß, daß es angemessen wäre, den Eltern gegenüber Mitgefühl zu zeigen, aber er "wußte nichts Tröstliches" (S. 33), das er hätte sagen können. So geht er nach dieser Szene "müde" nach Mägendorf zurück, "beschleunigte" aber nach dem Schrei aus dem Haus der Mosers seinen Schritt, um dieser ihn so verunsichernden Situation schnell zu entkommen. Zwei kurze Begegnungen mit den beiden Kindern, die auch schon am Fundort aufgetaucht waren, rahmen diese Szene ein und fungieren als Mahnung an Matthäi, das Versprechen einzulösen. Was die Bedeutung dieser Zusage angeht, ist außerdem zu beachten, daß Matthäi ja ein überaus korrekter Mensch ist, für den ein solches Versprechen, ungeachtet aller späteren Versuche, es zu verdrängen, eine Verpflichtung darstellt.

3. Wieder in Mägendorf findet Matthäi in seine alte Rolle zurück. Bezeichnenderweise "überlegte" (S. 35) er zunächst und sucht dann seine Polizeikollegen im Wirtshaus auf. Nicht zufällig wendet sich seine Sprache wieder ins Apodiktische. Seine Statements sind kurz und knapp und dulden keinen Widerspruch ("Der Hausierer ist unschuldig", S. 35; "Ob er schuldig ist oder nicht, Ordnung muß sein", S. 36). Angesichts der Unübersichtlichkeit der Lage und ihrer Unwägbarkeiten wirkt Matthäis Bestimmtheit als stabilisierender Faktor, insbesondere da andere Autoritätspersonen wie der Gemeindepräsident oder der Staatsanwalt der Situation nicht gewachsen erschei-

nen. Der Kommissär zeigt sich hier in voller Konzentration ("Matthäi schaute gebannt auf die Masse." S. 38) und ergreift ebenso geistesgegenwärtig wie beherzt die Initiative. Er sagt den aufgebrachten Mägendorfern überraschenderweise zu, van Gunten herauszugeben, kann sie dann aber doch davon überzeugen, daß es besser ist, ihn der Polizei zu überlassen. In dieser Szene brilliert Matthäi als Taktiker und Rhetoriker, zeigt sich aber gleichermaßen sensibel für die Psychologie der Dorfbewohner. Dazu gehört die geschickte Anknüpfung an die Tradition ("Seit altersher ... "), aber auch die behutsam eingesetzte kollektive Anrede ("*Ihr* habt nun beschlossen ...") sowie die Betonung der gemeinsamen Landsmannschaft ("...in unserem Lande...", S. 38). Matthäi agiert hier in vollem Einklang mit seiner Rolle als gewiefter und erfahrener Kommissar, aber gleichzeitig eben auch als öffentliche Person und unter Ausklammerung aller privater und emotionaler Aspekte. So kann er seine Souveränität wahren und kaltblütig das riskante Versprechen geben, den Hausierer herauszugeben, sofern die Mägendorfer darauf bestünden.

Im direkten Kontakt mit van Gunten wirkt Matthäi keineswegs so souverän. Der Hausierer hat sich hilfesuchend und vertrauensvoll an ihn gewandt, Matthäi muß sich menschlich in die Pflicht genommen fühlen. Als van Gunten auf der Fahrt zum Polizeipräsidium bezweifelt, daß Matthäi ihm glaubt, beschwichtigt er ihn ohne innere Beteiligung und vielleicht auch deshalb erfolglos. Später macht er zwar zu van Guntens Verteidigung geltend, daß dessen Sittlichkeitsdelikt mit einer Vierzehnjährigen nicht mit dem Sexualmord vergleichbar ist ("Das ist etwas anderes", S. 50), doch darin erschöpft sich auch schon sein Engagement für den Hausierer. Seine Haltung bleibt unentschlossen. Daß er ihn eigentlich nicht als den Mörder ansieht, machen seine Überlegungen im Gespräch mit dem Kommandanten (Kap. 11) deutlich. Als van Gunten das erzwungene Geständnis abgelegt hat, haben Matthäi und der Kommandant "ein schlechtes Gewissen", und Matthäi räumt nur zögernd und "ohne Überzeugung" (S. 68) ein, daß er van Gunten für schuldig hält. Insgesamt ergibt sich hier das Bild einer unentschlossen lavierenden Persönlichkeit, die vielleicht im Kontext ihres Arbeitsfeld das Opportune zu tun weiß, sich aber passiv ausweichend verhält, wenn sie zwischenmenschlich gefordert wird. Es mehren sich in dieser Phase die Zeichen dafür, daß die heftige innere Verunsicherung, die Matthäi bei den Mosers erfahren hat, und die übernommene Verpflichtung lediglich verdrängt, aber nicht dauerhaft überwunden sind. Am Anfang der Ermittlungen wird auf Matthäis Unruhe hingewiesen (S. 51), die als eine Folge des

Widerspruchs gesehen werden kann, daß er zwar das Versprechen gegeben hat, aber doch bald nach Jordanien fliegen will. Kurz darauf sitzt "Matthäi düster neben mir (dem Kommandanten) im Hintergrund des Wagens" (S.56), schließlich wird er gezeigt, wie er dem Hausierer "verlegen Platz machte" (S. 68). In solchen Szenen lebt das unsichere emotionale Gegenbild des kühlen Polizeigenies weiter, das in der Szene bei den Mosers sichtbar geworden ist und in dem die später so abrupt anmutende Persönlichkeitsveränderung Matthäis gründet.

4. Zwei Dinge bereiten den plötzlichen Entschluß Matthäis vor, nicht nach Jordanien zu fliegen. Zum einen ist es die neuerliche Begegnung mit den Mosers, die in dem Kommissär die oben beschriebene emotionale Verfassung erneut wachrufen dürfte. Die Bemerkung Frau Mosers, er habe sein Versprechen gehalten, und ihre anschließende Danksagung rufen offenbar Matthäis verdrängtes schlechtes Gewissen auf den Plan und appellieren an seine Ethik. Er sieht sich für einen Gang der Dinge gepriesen, den er erstens nicht für gut hält, und der - wäre er denn gut - nicht sein Verdienst ist. Die allgemeine Einschätzung, daß van Gunten der Mörder ist, und das mit seinem Selbstmord aufkommende Gefühl, "die Gerechtigkeit (hätte) gesiegt" (S. 71), muß ihm unheimlich anmuten. Zum anderen entsteht mit der öffentlichen Reaktion - auf dem Flughafen kauft Matthäi eine "Neue Zürcher Zeitung", in der er als erfolgreicher Detektiv und Überführer van Guntens gepriesen wird - ein verstärkter emotionaler Druck. Er, der sein Verhalten als eigentlich ehrlos empfinden muß, wird in der Zeitung gefeiert, weil er eine "ehrenvolle Berufung" (S. 73) erhalten hat. In Matthäis Psyche wirkt eine immer schmerzhaftere Divergenz zwischen dem, was eigentlich richtig wäre, und seinem tatsächlichen Handeln. Oder, wie er später formuliert, er "kniff wieder aus in die Ruhe, in die Überlegenheit ... in die Unmenschlichkeit" (S. 94). Der Anblick der Kinder auf dem Flughafen wirkt als Auslöser des empathischen Impulses. In den Kindern konkretisiert sich die gesellschaftliche Verantwortung, die wahrzunehmen für Matthäi die Möglichkeit birgt, aus seiner Isolation herauszukommen und eine Funktion im gesellschaftlichen Ganzen einzunehmen. Matthäi ist hier nicht nur vordergründig "von Gefühl und Menschlichkeit ergriffen",[7] sondern sein Entschluß hat neben dieser möglichen altruistischen Motivation den Zweck, ihn aus seiner verfestigten Isolation zu lösen. Er beinhaltet sozusagen eine neue - vielleicht letzte - Lebenschance für den alternden Kommissär auf ein wahrhaftigeres Leben.

5. Das folgende Kapitel 18 zeigt Matthäi bei dem Versuch, seine neue, von Empathie getragene Einstellung in Aktivität umzusetzen. Sein Eingeständnis, er sei nicht schuldlos an van Guntens Selbstmord, weil er ihm die nötige Hilfe vorenthalten hat (S. 75), sowie seine Sorge um die Kinder wirken aufrichtig und glaubwürdig. Seine Bitte, der Kommandant möge ihm den Fall noch einmal übergeben, kann somit als so etwas wie tätige Reue verstanden werden: Wiedergutmachung für ein entstandenes Unheil und Verhütung von weiterem. Aber Matthäi sieht sich nun mit einer sehr formalen Argumentation des Kommandanten konfrontiert. Der macht ihm klar, daß er seinen Vertrag einzuhalten hat, empfiehlt ihm zügige Abreise und stellt fest, daß Matthäi nicht mehr in Diensten der Kantonspolizei Zürich steht. Auf Matthäis Hinweis, es sei "Pflicht der Polizei, die Kinder zu schätzen und ein neues Verbrechen zu verhüten" (S.76), reagiert der Kommandant genau so, wie Matthäi es ehedem getan hätte. Aus technokratischer Perspektive hält er einen kurzen Vortrag über die Grenzen dessen, was die Polizei leisten könne. An der Schuld van Guntens zu zweifeln sei reiner Dilletantismus, totale Verbrechensprävention führe zu einem Polizeistaat. Matthäi vermag dieser geballten Ladung Vernunft nichts entgegensetzen, er kündigt lediglich an, privat weiter zu ermitteln. Die Begegnung der beiden langjährigen Kollegen endet in unterkühlter Atmosphäre, und man trennt sich ohne Händedruck.

Wenn man die folgenden drastischen Persönlichkeitsveränderungen Matthäis verstehen möchte, muß diese Situation im Blick bleiben. Der Logiker und Rationalist Matthäi, der sich auf dem Feld der Mitmenschlichkeit üben und erstmals mit menschenzugewandter Motivation handeln möchte, bekommt nun die kalte Logik des Polizeiapparats zu spüren, eine Logik, an deren Ausbildung er paradoxerweise beteiligt war. Aber was schlimmer ist: Matthäi verliert seine institutionelle Einbindung in den Apparat der Polizei und damit die einzige feste Bindung überhaupt. Vor diesem Hintergrund scheint es beinahe folgerichtig, daß Matthäi die Regeln der gutbürgerlichen Ordnung abzulehnen beginnt, so wie deren Machtapparat ihn abgelehnt hat. Matthäi fängt an zu rauchen und Alkohol in erheblichen Mengen zu trinken, beschimpft Henzi öffentlich als Justizmörder, nimmt Kontakte zur Unterwelt auf und zieht in ein anrüchiges Hotel (S. 82).

Davon aber völlig unbeeinträchtigt verfolgt Matthäi in der Manier des klassischen Detektivs sein gewagtes, aber kluges kriminalistisches Kalkül. Er spekuliert zunächst, daß es sich um den selben Täter handelt, wie bei zwei vergleichbaren Morden: "Der Mord hat sich auf gleiche Weise abgespielt. Ich halte es für wahrscheinlich, daß der Mann von Zürich aus operiert" (S. 56). Er vermutet außerdem einen "Automobilisten" als Täter. Später erzählt ihm Ursula Fehlmann von den regelmäßigen Treffen zwischen Gritli und dem Igelriesen sowie von der Zeichnung, die das Gritli angefertigt hat. Matthäis kriminalistische Leistung liegt darin, daß er die Möglichkeit, daß das Mädchen seinen Mörder gezeichnet hat und daß diese Zeichnung den Schlüssel zu seiner Auffindung bietet, ernst nimmt. Für die Entschlüsselung sucht er den psychologischen Rat Dr. Lochers. Locher trägt folgende Aspekte zur Entschlüsselung bei:

- Der abgebildete Igelriese könnte von der Statur her zum Typus des großen massigen Sexualverbrechers passen. "Meistens sind die Menschen, die sich in dieser Weise an Kindern vergehen, primitiv, mehr oder weniger schwachsinnig, Imbecile und Debile, wie wir Ärzte uns ausdrücken, robust, zur Gewalttat neigend, und gegenüber den Frauen Minderwertigkeitskomplexe oder Impotenz." (S. 97)

- Der Igelriese hat dem Mädchen verboten, jemandem von ihrer Begegnung zu erzählen; deshalb wählt das Gritli die verschlüsselte Form des Märchens.

- Es handelt sich bei dem Verbrechen "um einen Racheakt, der Täter wollte sich durch diese Morde an den Frauen rächen" (S. 98). "Weil der Mörder sich nicht an Frauen wagt, wagt er sich an kleine Mädchen. Er tötet sie anstelle der Frau." (S. 99).

- Es handelt sich um einen Wiederholungstäter. (S. 100)

Matthäi findet des weiteren heraus, daß der abgebildete schwarze Wagen ein amerikanisches Fabrikat ist, und er identifiziert das Tier auf Gritlis Bild als Steinbock, das Wappentier Graubündens, das auf den Nummernschildern der Autos vorkommt. Er schließt daraus, daß der Mörder aus Graubünden kommen und - da alle Fundorte an der Straße von Graubünden nach Zürich liegen - irgendwann diese Straße wieder befahren muß. Ein Gespräch mit angelnden Jungen über den Gebrauch von Ködern bringt ihn auf die Idee, ein den Mordopfern ähnliches Mädchen als Köder an einer Tankstelle auf der Straße Graubünden-Zürich zu plazieren. Die noch offene Frage nach den Igeln auf Gritlis Zeichnung klärt sich, als Matthäi "eine angebissene stachelige Schokoladekugel" (S. 125) in Annemaries Hand findet. Die Trüffel erklären die Reste von Schokolade, die im Magen Gritlis gefunden wurden. Die logische Kette ist geschlossen, die Falle muß nur noch zuschnappen.

Es bleibt zu fragen, welche Bewertung Matthäis Handeln aus ethischer Perspektive verdient. Wenig sinnvoll scheint es, angesichts der erklärten Intention Matthäis ("...ist es Pflicht der Polizei, die Kinder zu schützen und ein neues Verbrechen zu verhüten", S.76) auf eine kritische Prüfung seines Verhaltens zu verzichten. Was an der Oberfäche wie "leidenschaftlicher Einsatz" aussieht und Matthäi motiviert, weil er "im Innersten ergriffen"[8] ist, muß mit Blick auf das Kind Annemarie skeptisch gesehen werden. Matthäi ist von der Richtigkeit seines Plans überzeugt und verfolgt ihn auf der Schiene rationalen Kalküls. Dabei aber verengt sich sein Gesichtsfeld, und er verliert die Konsequenzen seines Tuns für andere aus dem Auge. In erster Linie betrifft dies Annemarie, die er in vollem Bewußtsein als seinen Köder einsetzt und deren kindliches Vertrauen er brutal mißbraucht. In gewisser Weise stellt er sich mit einer psychologisch subtilen Variante des Miß- brauchs neben den dumpfen Triebtäter Schrott. Mitbetroffen ist aber auch Annemaries Mutter, die Heller, deren Wünsche nach einem besseren, bürgerlichen Leben für sich und ihre Tochter angedeutet werden und die Matthäi für seinen Plan funktionalisiert. Frau Heller verlangt bereits am Anfang des gemeinsamen Lebens in der Tankstelle Aufklärung darüber, ob Matthäi mit Annemarie irgend etwas bezweckt. Matthäi antwortet: "Unsinn (...). Ich liebe dieses Kind einfach, das ist alles, Frau Heller." (S. 120) Auch als der Kommandant Matthäi kritisch nach den sittlichen Implikationen seines Vorgehens befragt ("Begehen Sie da nicht eine Teufelei?"), bleibt er emotionslos und gleichgültig ("Möglich." S. 115). Seine Inhumanität manife- stiert sich dadurch, daß er seiner einmal aufgestellten These stur folgt, ohne die Folgen dieser Vorgehensweise für andere zu reflektieren.[9] Frau Heller ist das moralische Urteil über Matthäis Verhalten vorbehalten. Am Ende der Waldszene konstatiert sie lakonisch: "Sie sind ein Schwein." (S. 135)

6. Bereits nach der vergeblichen Beobachtung Annemaries durch Matthäi und die Polizeibeamten zeigt sich, daß Matthäi nicht lediglich verbohrt an seinem nun eigentlich schon fehlgeschlagenen Plan festhalten will, sondern daß sein Eigensinn pathologische Züge annimmt. Seine Wahrnehmung der ihn umgebenden Welt ist vermindert: "Er schien gar nicht hinzuhören" (S. 138), "Er trank weiter, schaute mich nicht einmal an" (S. 139). Statt, wie es der Situation angemessen wäre, Sinn, Zweck und Chancen des Wartens zu reflektieren, überlegt Matthäi nur, ob er bei der Tankstelle oder auf der Lichtung warten soll. Hier deutet sich eine reduzierte Außenwahrnehmung an, ein Rückzug in eine ureigene, isolierte Wirklichkeit, die den Wahn

letztlich definiert. Der Leser trifft Matthäi am Endpunkt dieser Entwicklung an, wie sie in der Rahmenhandlung geschildert ist. Starker Alkoholismus hat ihn mental degeneriert: Er "stierte vor sich hin, verblödet, erloschen" (S. 16), und er wirkt stark verwahrlost. Offensichtlich ist seine gesamte Persönlichkeit auf die Idee reduziert, den Mörder an der Tankstelle zu fangen, während sich die reale Welt von dieser Problemstellung längst entfernt hat.

Es ist nachvollziehbar, daß Matthäi scheitert, "weil er von seinem Weltverständnis her den Fehlschlag nicht seelisch bewältigen kann."[10] Wichtig ist hinzuzufügen, daß dieses Weltverständnis auf der instabilen Grundlage steht, weil es emotional unsicher und rationalistisch verformt ist.

Die folgende Graphik zeigt - stark vereinfacht - die Problemkonstellation um Matthäis Persönlichkeit:

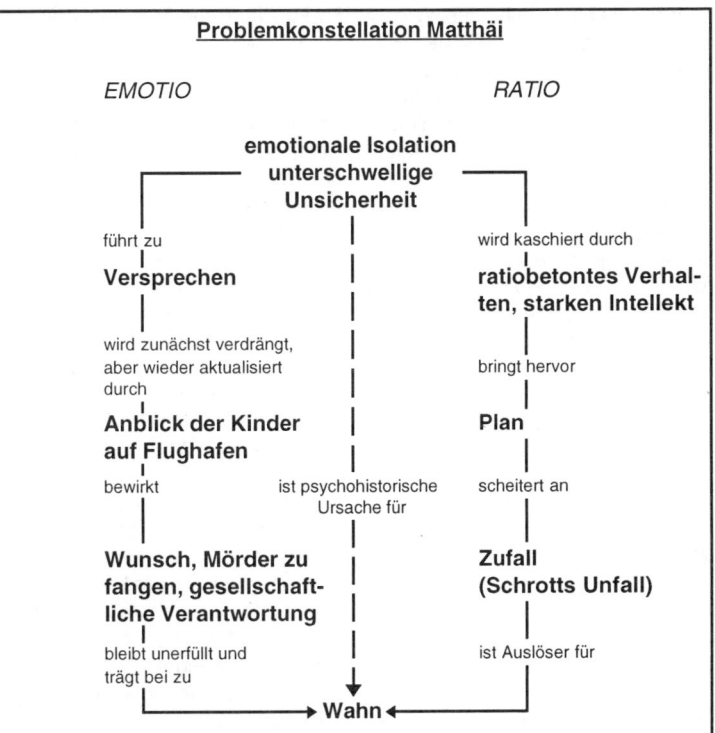

Problemkonstellation Matthäi

EMOTIO   *RATIO*

**emotionale Isolation
unterschwellige
Unsicherheit**

führt zu   wird kaschiert durch

Versprechen   **ratiobetontes Verhalten, starken Intellekt**

wird zunächst verdrängt,
aber wieder aktualisiert
durch   bringt hervor

**Anblick der Kinder
auf Flughafen**   **Plan**

bewirkt   ist psychohistorische   scheitert an
                   Ursache für

**Wunsch, Mörder zu
fangen, gesellschaft-
liche Verantwortung**   **Zufall
(Schrotts Unfall)**

bleibt unerfüllt und
trägt bei zu   ist Auslöser für

                     → **Wahn** ←

3.1.2   Der Kommandant

Der Kommandant ist insofern die zentrale Figur des Romans, als er die Rahmenhandlung mit der Binnenhandlung koppelt. Der Ich-Erzähler trifft ihn nach seinem Vortrag in der Hotelbar, wo er sich ihm sofort als Dr. H. vorstellt. Es handelt sich um "einen großen und schweren Mann, altmodisch, mit einer goldenen Uhrkette quer über der Weste, wie man dies heute nur noch selten sieht. Trotz seines Alters waren seine borstigen Haare noch schwarz... Seine Stimme war laut und seine Gesten waren lebhaft, ein unzimperlicher Mensch, der mich gleicherweise anzog wie abschreckte" (S. 12). Daneben wird Dr. H. aber auch als Sinnesmensch geschildert, der teure Zigarren und guten Rotwein zu schätzen weiß und das künstlerische Ambiente in seinem bevorzugten Restaurant, der "Kronenhalle", genießt, wo er immer unter einem Bild von Miró ißt. Zusammen sind dies Attribute, die "bei Dürrenmatt eine ehrfurchtgebietende, vertrauenerweckende Persönlichkeit kennzeichnen".[11] Dr. H. ist der ehemalige Kommandant der Kantonspolizei Zürich sowie als Nationalrat (S.17) Abgeordneter des Parlaments, also Teil des politischen Establishments der Schweiz. Über weite Strecken wird er gezeichnet, wie er unter den Zwängen seiner beruflichen Position handelt, voller Zweifel, oft mit Skepsis, aber letztlich doch mit der Einsicht in die Notwendigkeit des Tuns. "Ich weiß, wie fragwürdig wir alle dastehen, wie wenig wir vermögen, wie leicht wir uns irren, aber auch, daß wir eben handeln müssen, selbst wenn wir Gefahr laufen, falsch zu handeln" (S.19). Dieses an den Anfang der Erzählung plazierte weltanschauliche Credo des Kommandanten als "handelnder Pessimist" erfährt im Verlauf der Handlung seine Konkretisierung. Nachdem Matthäi den Flug nach Jordanien nicht angetreten hat, weil er den Mörder Gritlis suchen möchte, macht Dr. H. Matthäi die praktischen Grenzen der polizeilichen Arbeit deutlich. Man könne sich "den Luxus einer nochmaligen Untersuchung rein technisch gar nicht mehr leisten", denn "man zähle über zweihundert Sittlichkeitsverbrechen im Jahr" (S. 77). Dennoch, die Tatsache, daß und wie er dem Ich-Erzähler die Geschichte von Matthäi erzählt, in der er schließlich selbst eine nicht immer rühmliche Rolle spielt, zeigt die eher sensibel reflektierende Haltung, in der Dr. H. die Welt wahrnimmt. Er bemüht sich offensichtlich, "ein Mensch zu sein und kein Ochse" (S. 146). Es erscheint daher - bei aller gebotenen Vorsicht - berechtigt, in dem Kommandanten die Figur des Romans zu sehen, "der Dürrenmatt am meisten Sympathie entgegenbringt, ja er ist wohl weithin sein 'Stellvertreter' in der Welt dieses Buches."[12] Sicherlich gilt dies für die Kritik am Kriminalroman, die im Untertitel angekündigt wird und die der Kommandant in den Kapiteln 2 und 28 detailliert darlegt.

3.1.3 Henzi und die Polizeibeamten

Neben Matthäi und dem Kommandanten werden als weitere Polizeibeamte Wegmüller, Riesen, Henzi, Feller und Treuler namentlich genannt. Sie lassen sich leicht in zwei Gruppen unterteilen: Wegmüller und Riesen als Ordnungshüter in der dörflichen Welt und die anderen als Teil des städtischen Polizeiapparats.

Die Polizei in Mägendorf steht in besonders engem Kontakt mit der Bevölkerung und ist deshalb auf ein Arrangement mit ihren sozialen Strukturen angewiesen, auch wenn dies Abstriche bei der Durchsetzung des Gesetzes bedeutet. Der Dorfpolizist Wegmüller hat einen entsprechenden Modus gefunden. Weitgehend angepaßt versteht er sich eher als Bestandteil der Dorfgemeinschaft, als daß er seinem Auftrag gemäß die äußere Ordnungsmacht verkörpert. Einerseits hält er "seine Mägendorfer souverän im Zaum", andererseits tut er dies "mit so vielen Konzessionen" (S. 24), daß der Kommandant als sein Dienstherr eigentlich einschreiten müßte, dies aber aus Personalmangel nicht tut. Der Polizist Riesen ist während der Ferien Wegmüllers Stellvertreter. Er ist ein "einfältiger Bursche" (S. 25) und stellt dieses Urteil des Kommandanten auch direkt durch die ungeschickte Art, van Gunten zu beobachten, unter Beweis. Dies weckt Neugierde und Mißtrauen der Mägendorfer, die zu diesem Zeitpunkt ja noch nichts von dem Leichenfund wissen, und macht eine unauffällige Aufnahme der Ermittlungen unmöglich. Als Folge davon findet sich eine große Zahl von Menschen am Fundort ein und formiert sich später als die zur Lynchjustiz bereite Menge. Im übrigen ist der Name Riesen bemerkenswert, legt er doch die Verknüpfung mit Gritlis "Igelriese" nahe und lockt den Leser in klassischer Manier auf eine falsche Fährte.

Von den neben dem Kommandanten und Matthäi genannten Polizeibeamten des städtischen Umfelds ist lediglich Henzi genauer geschildert. Feller bleibt eine schemenhafte Figur ohne Konturen, Treuler tritt zwar in der Verhörszene etwas intensiver in Erscheinung, bleibt aber streng in seiner Rolle als Polizist, ohne daß individuelle Züge deutlicher hervorträten. Henzi wird zunächst als sensible Person eingeführt, am Tatort "wagte (er) nicht hinzuschauen" (S. 27) und bittet darum, von der Aufgabe verschont zu werden, die Eltern des Opfers zu informieren (S. 29). Wenig später übergibt der Kommandant - auf Anraten Matthäis - Henzi den Fall Moser, wobei erwähnt wird, daß der Kommandant Henzi eigentlich nicht für erfahren genug hält (S. 49). Henzi ist offenbar an einem schnellen Fahndungserfolg interessiert, betont daher die Verdachtsmomente gegen van Gunten und schlägt ein Kreuzverhör vor. Zwar recherchiert er am nächsten Tag im Gasthaus von Mägendorf (S. 51), scheint dies aber nur als lästige Pflicht aufzufassen. Deshalb verläßt er zur Verwunderung des Kommandanten Mägendorf bereits am Mittag (S. 58), um van Gunten ins Dauerverhör zu nehmen. Spätestens hier wird deutlich: Mit Henzi wird eine Person geschildert, die Wahrheitsfindung und berufliches Ethos zugunsten des schnellen Erfolges hintanstellt, auch wenn dieser Erfolg eigentlich keiner ist und zu einer großen Ungerechtigkeit führt. Weil es dem beruflichen Fortkommen nützlich ist, heiratet er "eine Hottinger" und wechselt zweimal die Partei (S. 58). Henzi wird gezeichnet als der vollendete Opportunist, dessen Verhalten nicht in einer konsistenten Persönlichkeit gründet, sondern einzig vom Kalkül bestimmt ist. Erwähnenswert erscheint der Hinweis des Kommandanten auf den Einfluß, den Matthäi auf die berufliche Prägung Henzis genommen hat. Als Matthäi Mitleid für den über zwanzig Stunden im Dauerverhör gequälten van Gunten durchblicken läßt, weist ihn der Kommandant zurecht: "Diese Methode hat Henzi von Ihnen übernommen" (S. 68).

3.1.4 Van Gunten

Der Hausierer van Gunten wird als einer der "alten Kunden" Matthäis eingeführt (S. 22). Vorbestraft ist er wegen eines Sittlichkeitsdelikts an einer Vierzehnjährigen. Nachdem er die Leiche Gritli Mosers im Wald gefunden hat, ruft er Matthäi an, zum einen wohl, weil er weiß, daß ihn ein solcher Fund angesichts seiner Vorstrafe in Verdacht bringen wird, zum anderen, weil er sich von Matthäi Schutz erhofft. Anfänglich liefert er in seiner Aufregung nur einen "verworrenen Bericht" (S. 22) ab, der aber für Matthäi Anlaß genug ist, sich am Vortag seiner Abreise mit einem neuen Fall zu beschäftigen. Van Gunten wird als angsterfüllte Persönlichkeit geschildert, die schicksalsergeben und ihrer Machtlosigkeit bewußt "zusammengekauert im Winkel" (S. 26) sitzt. Er ist in seiner Hilflosigkeit dem Schicksal und der Staatsgewalt ausgeliefert, sein Aufatmen nach dem Eintreffen der Zürcher Polizisten wird mit dem Konjunktiv "als wäre er nun in Sicherheit" als Illusion markiert. In den nun folgenden Szenen, in denen die Dorfbewohner seinen Kopf fordern, bleibt van Gunten selbst völlig passiv, er sagt nichts, das Geschehen geht über ihn, vielleicht auch über seinen Horizont, hinweg. Intuitiv aber - so scheint es - nimmt er wahr, wie düster sich die Wolken über ihm zusammengezogen haben. Im Polizeiwagen spürt van Gunten, daß niemand ihm seine Unschuld glaubt, und "hartnäckig" skeptisch und hoffnungslos (S. 45) wiederholt er diesen Eindruck.

Die Verhörszene (Kap. 13) macht van Guntens Hilflosigkeit gegenüber der subtilen Methoden der Polizeibeamten, besonders Henzis, deutlich. Einerseits mißtrauisch gegen die vermuteten Winkelzüge der Polizisten im Kreuzverhör, andererseits mit deren Erkennen völlig überfordert, verharrt er in einer untertänigen Pose ("Jawohl, Herr Polizeiwachtmeister", S. 60). Daß das Verhör ihn schwer belastet, begreift er und reagiert darauf mit weiterer Ermattung. Dabei ist die Formulierung, "der Hausierer saß nun zusammengesunken, leblos auf seinem Sessel" (S.64) interessant, antizipiert sie doch den bald folgenden Selbstmord van Guntens.

Van Gunten repräsentiert im Roman eine vorindustrielle Armut, die mit einem Schuß Romantik umgeben ist und im Vergleich zu der drängenderen und brutaler anmutenden sozialen Not der Heller und ihrer Tochter gesehen werden kann.

3.1.5 Die Kinder

Neben dem Opfer Gritli Moser gibt es eine Reihe weiterer Kinderfiguren in *Das Versprechen*. Eine detailliertere Schilderung erfährt Annemarie Heller als Matthäis Köder, zuvor gibt es zwei Szenen mit Ursula Fehlmann, Gritlis Schulfreundin. Außerdem kommen zwei unbenannte Kinder in der Fundort-szene (Kap. 5) und der Szene mit den Mosers (Kap. 6) vor.

Es scheint aber hier nicht vordringlich, diese Kinder als einzelne zu untersuchen oder sie miteinander zu vergleichen, denn sie sind nicht wirklich als Individuen gezeichnet, sondern eher durch das markiert, was ihnen gemeinsam ist. Sie sind durchgängig als "positives Pendant zur Zwietracht und Disharmonie"[13] der Erwachsenen, aber auch als deren unschuldige Opfer gezeichnet. Die brutale Welt der Erwachsenen registrie-ren sie passiv, wortlos und schicksalsergeben. Die zwei namenlosen Kinder am Fundort "starrten hin", und nachdem man sie von dort weggeschafft hat, "blieben die Kinder stehen" (S. 27). Ebenso verhalten sich die Kinder in der Schulszene (Kap. 10). Als der Kommandant im Klassenzimmer auftaucht, "sahen sie mich neugierig" an, sie "hörten atemlos zu", "schwiegen", "wußten nichts" (S. 52, 53). Diese Kinder klagen nicht, handeln nicht und stellen keine Fragen. Sie nehmen lediglich auf, was ihnen die Erwachsenen-welt vorsetzt, und es bleibt den Erwachsenen überlassen, ihre Verantwor-tung zu realisieren. Die Puppe des Mädchens in der Fundortszene mag an diese Verantwortung zur Fürsorge erinnern, die Geißel des Jungen an die Verpflichtung sie wahrzunehmen. So nimmt denn auch der Choral, den die Kinder anläßlich der Beerdigung Gritlis üben, konkreten Appellcharakter an. Er formuliert die Aufforderung der Kinder an die sittliche Verpflichtung der Erwachsenen: "So nimm denn meine Hände und führe mich" (S. 51 und 55). Angesichts des im Roman thematisierten Verbrechenstyps liegt hier die Assoziation von "Entführung" und "Verführung" nahe. Die Brutalität, mit der die Gutgläubigkeit der Kinder von der verkommenen Welt der Erwachsenen - sowohl der krankhaft sexuellen Schrotts als auch der vom Kalkül durchtrie-benen Matthäis - niedergewalzt wird, wirkt indes beinahe zynisch.

Im Sinne dieser Funktion ist die Beschreibung der Kinderwelt im ganzen recht eindimensional und unpsychologisch, manchmal an der Grenze zum Klischée. Die Kinder sind durchgängig mit kindgemäßen Attributen ausgestattet (Puppe, Geißel, Versteckspiel, Märchen, Kinderlieder), ihre Beschreibung und ihre Sprache ist von Diminiutiven gekennzeichnet ("Igelein" S. 81, "Röcklein" S. 109, 118), sie bewegen sich beinahe ausnahmslos "trippelnd" (S. 118) oder "hüpfend" (S. 124).

Die Schilderung von Annemarie Heller ist hier exemplarisch. Wie ihre Mutter ist sie Matthäis "Teufelei" (S. 115) hilflos ausgeliefert. Matthäi gelingt es leicht, das arglose Kind an sich zu binden, er tut dies mit der Hilfe von Märchen. "Er spielte mit dem Mädchen, erzählte ihm Märchen, den ganzen Grimm, den ganzen Andersen, "Tausendundeinenacht", erfand selbst welche, tat verzweifelt alles, um das Mädchen an sich zu fesseln, an die Straße, an welcher er es haben mußte. Es blieb, zufrieden mit den Geschichten und Märchen" (S. 118, 119).

Das Märchen stellt die Verbindung zur mythischen Welt der Kinder her, über diese Brücke läßt sich ihr Vertrauen erschleichen, und zwar sowohl für den dumpfen Mörder Schrott als auch für den klug und skrupellos agierenden Matthäi. In der Tat ist Annemarie völlig von der Märchenwelt gefangen, sie hat "nichts als Märchen im Kopf" (S. 123). Und so erklärt sich ihre unglaubliche Geduld beim Warten auf den "Igelriesen" Schrott. Als die wartenden Polizisten und Matthäi sich schließlich zu erkennen geben, ist Annemarie eigentlich dreifach enttäuscht: vom Nicht-Erscheinen des "Igelriesen", von der nun unglaubwürdig gewordenen Bezugsperson Matthäi und von einer plötzlich entzauberten Welt. Die sich nun anschließende Aggression gegen das Mädchen hat ihre Ursache in der Unfähigkeit der Erwachsenen, jenseits des gewohnten rationalistischen Denkmodus zu operieren. Sie ist markanter Ausdruck der Hilflosigkeit des rationalistisch verformten Menschen. Die Rahmenhandlung erlaubt einen kurzen Blick auf die weitere Entwicklung von Annemarie: Neun Jahre nachdem Matthäi sie als Lockvogel benutzt hat, fristet sie ihr Leben noch immer an der Tankstelle. Mit nunmehr sechzehn Jahren ist aus ihr eine "schlampige Kellnerin" (S. 15) geworden, sprach- und teilnahmslos, verwahrlost. In der von ihrer Mutter eingerichtetet "schäbigen Schenke" macht sie "in jeder Beziehung" (S. 141) mit. Ihre kurze Biographie beinhaltet bereits einen Aufenthalt in der Besserungsanstalt ("Hindelbank"), eine kriminelle Karriere ist vorgezeichnet. Sie

INHALT

läuft den um sie bemühten wohltätigen Organisationen immer wieder davon und sucht Zuflucht in dem schädlichen, aber vertrauten zwielichtigen Milieu zwischen Kriminalität und Prostitution. Eine direkte Verantwortung Matthäis für die ungünstige Entwicklung wird zwar im Roman nicht formuliert, aber die fatale Anbindung an die Tankstelle läßt auf eine tiefsitzende Traumatisierung Annemaries als Folge von Matthäis mißbräuchlicher Funktionalisierung schließen. Während sie womöglich noch immer auf der Suche nach märchenhafter Erlösung ist, verliert ihre Realität jeden Zauber und jede Perspektive.

Wie die Kinder grundsätzlich angesichts der drohenden Vereinnahmung durch die Erwachsenen empfinden, wird durch ein winziges Detail deutlich. In einem Sandkasten im Klassenzimmer ist die Insel Robinson Crusoes aufgebaut (S. 52). Sie symbolisiert den Wunsch nach einem Leben, das vor den Zwängen der Erwachsenenwelt geschützt ist - ein Leben, wie es die Lehrerin, das verbitterte Fräulein Krumm - hier ist der Name wohl Programm - nicht anzubieten hat.

3.2 Logik und Zufall - Kritik am Kriminalroman

Dürrenmatts *Das Versprechen* basiert auf einem grundsätzlich anderen Wirklichkeitsverständnis als der traditionelle Kriminalroman. Der Kriminalroman geht üblicherweise von einer logisch strukturierten, geordneten und insofern vollkommenen Welt aus. Eine solche Welt ist nicht kritikwürdig, denn sie ist in einem optimalen Zustand. Das Verbrechen ist eine von außen herangetragene Störung dieses Optimalzustands. Der Detektiv tritt an, die gestörte Welt wieder ins Gleichgewicht zu bringen, was dadurch geschieht, daß das Verbrechen aufgeklärt, der Verbrecher identifiziert und seiner Bestrafung zugeführt wird. Damit ist der alte Zustand wiederhergestellt, die Welt ist wieder in vertrauter Ordnung, und der Leser erhält die kurzzeitig verlorengegangene Geborgenheit zurück. Ein solches naives Weltbild leugnet gesellschaftsinterne Konflikte, nimmt eine unkritische, affirmative Position zu gesellschaftlicher Wirklichkeit ein und ist insofern genauso rückwärtsgewandt wie unrealistisch.

Dürrenmatts *Das Versprechen* setzt den Kontrapunkt zu solcher Art wirklichkeitsferner Fiktion und nimmt den Bruch mit der Gattung Kriminalroman in Kauf. Die Kritik kommt auf zweierlei Weise zum Ausdruck: zum einen durch Anlage und Struktur des Romans, zum anderen durch die gattungstheoretischen Exkurse des Kommandanten am Anfang und am Ende.

In *Das Versprechen* ist die Zerstörung der literarischen Form das erklärte Ziel, wie der Untertitel "Requiem auf den Kriminalroman" deutlich macht. Es ist ein Roman, dem "die Nähe zur Wirklichkeit, zum wahren Ende wichtiger ist als die Konformität mit dem Genre."[14]

In diesem Zusammenhang kommt dem Absurden besondere Bedeutung zu. Das Absurde, das Widersinnige, das Abwegige ist das Signum eines modernen Weltverständnisses. Das Absurde steht jeder schematischen Weltauffassung entgegen, es ist unberechenbar und chaotisch. In der Form des Zufalls ist es das geeignete Mittel, um dem Genre Detektivroman Realität einzuhauchen: "Dürrenmatt widerlegt das Schema und nähert somit die Detektivgeschichte der Wirklichkeit. Es erfolgt bei ihm die Durchbrechung des Detektionsschemas durch das Absurde...".[15] Während der herkömmliche Kriminalroman den Zufall meidet, um seine interne Logik nicht zu gefährden, wird er in *Das Versprechen* gezielt eingesetzt, um die Irrealität ebendieser Logik zu veranschaulichen.

Es bleibt aber nicht bei der kritischen Betrachtung einer literarischen Gattung. Wie aus den Ausführungen des Kommandanten deutlich wird, steht der Kriminalroman lediglich "stellvertretend für einen unbegrenzten Glauben an ein ratiobestimmtes Weltverständnis. Dürrenmatt greift den blinden und naiven Vernunftglauben dort an, wo er in der Literatur am krassesten zum Ausdruck kommt."[16] "Unser Verstand erhellt die Welt nur notdürftig" (S.145) - diese ernüchternde Erkenntnis des Kommandanten ist das eigentlich relevante Fazit des Romans. Es enthält zugleich eine Absage an allzu leicht formulierte Vernunftlösungen, mögen sie noch so plausibel und einleuchtend vorgebracht sein. Als notdürftige Orientierung bleibt allein die Idee des "handelnden Pessimisten", der sich der Versuchung einer passiven Schicksalsergebenheit widersetzt. Die Aussage des Kommandanten, "ich weiß, wie fragwürdig wir alle dastehen, wie wenig wir vermögen, wie leicht wir uns irren, aber auch, daß wir eben trotzdem handeln müssen, selbst wenn wir Gefahr laufen, falsch zu handeln"(S. 19), gewinnt so programmatischen Charakter.

Positionen des traditio- <-> nellen Kriminalromans:	Die Kritik des Kommandanten:
Die Welt ist ein strukturiertes, regelhaftes, logisches Gefüge.	Die Welt ist ein ungeordnetes, chaotisches Phänomen.
Es herrscht das Kausalitätsprinzip, basierend auf Logik.	Es herrscht das Zufallsprinzip, basierend auf Wahrscheinlichkeit.
Alle Einflußfaktoren sind bekannt.	Es können nie alle Einflußfaktoren bekannt sein.
Der Zufall spielt keine große Rolle.	Der Zufall spielt die zentrale Rolle.
Der Detektiv als genialer Logiker durchschaut das Gefüge und kommt mit Klugheit zum Ziel.	Auch der geniale Logiker kann die Komplexität des Geschehens nicht erfassen und deshalb scheitern.

Die folgende Auswahl aus Dürrenmatts *21 Punkte zu den Physikern* mag für das Verständnis der Funktion von Logik und Zufall auch in den Kriminalromanen hilfreich sein:

1
Ich gehe nicht von einer These, sondern von einer Geschichte aus.

2
Geht man von einer Geschichte aus, muß sie zu Ende gedacht werden.

3
Eine Geschichte ist dann zu Ende gedacht, wenn sie ihre schlimmst-mögliche Wendung genommen hat.

4
Die schlimmst-mögliche Wendung ist nicht voraussehbar. Sie tritt durch Zufall ein.

5
Die Kunst des Dramatikers besteht darin, in einer Handlung den Zufall möglichst wirksam einzusetzen.

6
Träger einer dramatischen Handlung sind Menschen.

7
Der Zufall in einer dramatischen Handlung besteht darin, wann und wo wer zufällig wem begegnet.

8
Je planmäßiger die Menschen vorgehen, desto wirksamer vermag sie der Zufall zu treffen.

9
Planmäßig vorgehende Menschen wollen ein bestimmtes Ziel erreichen. Der Zufall trifft sie dann am schlimmsten, wenn sie durch ihn das Gegenteil ihres Ziels erreichen: das, was sie befürchten, was sie zu vermeiden suchen z. B. Ödipus.

10
Eine solche Geschichte ist zwar grotesk, aber nicht absurd, sinnwidrig.

11
Sie ist paradox.

12
Ebensowenig wie die Logiker können die Dramatiker das Paradoxe vermeiden.

19
Im Paradoxen erscheint die Wirklichkeit.

20
Wer dem Paradoxen gegenübersteht, setzt sich der Wirklichkeit aus.

3.3 Aufbau und Strukturmerkmale

3.3.1 Erzählstruktur

Dürrenmatts erzählerische Technik in *Das Versprechen* ist "die solid-realistische des 19. Jahrhunderts"[17] und gekennzeichnet von strengen und stringent verfolgten Kompositionsregeln. Aber trotz ihrer Übersichtlichkeit und Klarheit dürfte die erzählerische Struktur des Romans manchen Leser herausfordern. Verantwortlich dafür mögen folgende Gründe sein:

1. Der Roman ist in eine Binnen- und eine Rahmenhandlung aufgeteilt.
2. Die Erzählung wechselt zwischen verschiedenen Zeitebenen (Jetztzeit, vor neun Jahren, voriges Jahr).

3. Der Erzählvorgang ist mehrfach gebrochen, so daß man von einer "perspektivischen Staffelung"[18] sprechen kann.

Dieser letzte Punkt mag wohl am ehesten Irritation beim Leser hervorrufen. Das folgende Schaubild soll die Konstruktion veranschaulichen:

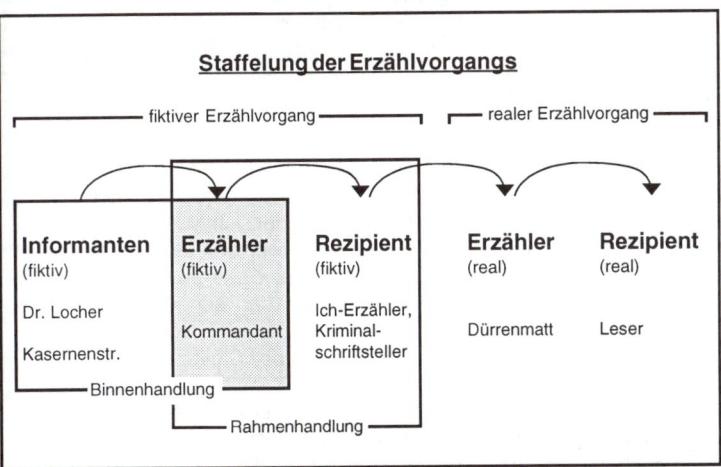

Staffelung der Erzählvorgangs

— fiktiver Erzählvorgang —   — realer Erzählvorgang —

Informanten (fiktiv)	**Erzähler** (fiktiv)	**Rezipient** (fiktiv)	**Erzähler** (real)	**Rezipient** (real)
Dr. Locher	Kommandant	Ich-Erzähler, Kriminal-schriftsteller	Dürrenmatt	Leser
Kasernenstr.				

— Binnenhandlung —

— Rahmenhandlung —

Der Kommandant ist die personelle Nahtstelle zwischen Binnen- und Rahmenhandlung, wo er jeweils eine wichtige Funktion im Plot einnimmt. Im weitaus größten Teil des Romans tritt er als Erzähler auf, macht aber an einigen Stellen deutlich, daß er von anderen informiert wurde. Als Informanten werden beispielsweise seine Mitarbeiter bei der Polizei genannt ("Das waren die Vorgänge, die mir in der Kasernenstraße rapportiert wurden, ..." S. 46). In einem anderen Fall ist Dr. Locher ("Das Gespräch wurde mir von Dr. Locher rapportiert." S. 101) der Berichterstatter. Während des Erzählvorgangs gibt es immer wieder direkte Ansprachen des Kommandanten an den Kriminalschriftsteller ("Sie kennen ja diese leicht dubiosen Weine", S. 56; "...als ich die Tankstelle endlich erreichte, die Sie ja auch kennen, ...", S. 108). Solche Bemerkungen erinnern immer wieder an die erzählerische Konstruktion und verbinden außerdem Rahmen- und Binnenhandlung. Der Adressat dieser Bemerkungen ist der eigentliche Ich-Erzähler, ein Kriminalschriftsteller, der aber nur im Anfangskapitel etwas genauer gezeichnet ist und mit fortlaufender Handlung immer mehr als Rezipient der Erzählung des

Kommandanten fungiert. Natürlich liegt es nahe, Dürrenmatt selber in diesem Kriminalschriftsteller zu sehen, doch tut man gut daran, die Fiktionalität dieser Figur zu respektieren. Immerhin ist *Das Versprechen* kein Kriminalroman der üblichen Machart, und Dürrenmatt muß sich von der Kritik des Kommandanten an solchen Romanen nicht betroffen fühlen, tritt doch gerade *Das Versprechen* den Gegenbeweis für die Wirklichkeitsfremde des Kriminalromans an. Der fiktive Ich-Erzähler meldet sich gegen Ende des Romans noch einmal zu Wort und kommentiert den Produktionsvorgang des Romans:

> "Andererseits aber wäre noch beizufügen, rein technisch, der schriftstellerischen Ehrlichkeit und dem Metier zuliebe, daß ich die Erzählung des redegewaltigen Alten natürlich nicht immer so wiedergegeben habe, wie sie mir berichtet wurde, wobei ich nicht etwa an den Umstand denke, daß wir natürlich Schweizerdeutsch sprachen, sondern an jene Teile seiner Geschichte, die er nicht von seinem Standpunkte aus, von seinem Erlebnis her, sondern gleichsam objektiv als Handlung an sich erzählte, wie etwa bei der Szene, in der Matthäi sein Versprechen ablegt. Bei solchen Stellen war einzugreifen, zu formen, neu zu formen, wenn ich mir auch die größte Mühe gab, die Vorkommnisse nicht zu verfälschen, sondern nur das Material, das mir der Alte lieferte, nach bestimmten Gesetzen der Schriftstellerei zu bearbeiten, druckfertig zu machen." (S. 140-141)

Diese letzte Wortmeldung soll dem Ich-Erzähler beim Leser Glaubwürdigkeit verschaffen und unterstreicht seine bescheidene "rezeptive Haltung".[19)]

Das folgende Schaubild gibt die inhaltliche Grobstruktur des Romans in den verschiedenen Zeitebenen sowie die Verteilung des Inhalts auf Binnen- und Rahmenhandlung wieder:

Grobstruktur des Romans

1. - Begegnung Ich-Erzähler und Kommandant   **Jetztzeit**
   - Fahrt nach Zürich, Begegnung mit Matthäi als "Wrack"
2. - Dr. H.s Kritik am Kriminalroman
   - Vorstellung Matthäis als "Genie"
   - geplante Abreise nach Jordanien

		3.	- Anruf v. Guntens bei Matthäi **Rückblende (vor neun Jahren)**
		4.	- Polizist Wegmüller und v. Gunten warten in Mägendorfer Kneipe
		5.	- Szene am Tatort
		6.	- Matthäi überbringt Nachricht vom Mord an Gritli, Matthäis Versprechen
		7.	- Dorfszene
R	B	8.	- Fahrt ins Polizeipräsidium, Gespräch Matthäi - v. Gunten
a	i	9.	- v. Guntens Aussage, Henzi übernimmt Fall
h	n	10.	- Szene in Schule
m	n	11.	- Gespräch Matthäi - Kommandant
e	e	12.	- Henzi nimmt v. Gunten ins Dauerverhör
n	n	13.	- Verhörszene, Indizien gegen v. Gunten
h	h	14.	- v. Guntens Geständnis und Selbstmord
a	a	15.	- Zelle v. Gunten, Fall scheinbar gelöst
n	n	16.	- Matthäi macht Umweg über Mägendorf, Mutter dankt Matthäi
d	d	17.	- Flughafenszene, Matthäi fliegt nicht
l	l	18.	- Gespräch Matthäi - Kommandant, Matthäi will Fall privat lösen
u	u	19.	- Matthäi recherchiert in Mägendorf; Hinweis auf Zeichnung
n	n	20.	- Hinweise auf Persönlichkeitsveränderungen Matthäis
g	g	21.	- Matthäi besucht Privatklinik
		22.	- Gespräch Matthäi - Dr. Locher
		23.	- Gespräch Henzi - Kommandant, Matthäi an Tankstelle
		24.	- Besuch des Kommandanten bei Matthäis Tankstelle; Matthäis Plan
		25.	- Matthäis Warten; Annemarie hat Kontakt zu Mörder
		26.	- Szene auf Waldlichtung, vergebliches Warten auf Mörder, Eskalation
		27.	- Matthäi will weiter warten

28. - Reflexion des Kommandanten über mögliche   **Rückkehr zur Rahmenhandlung**
     schriftstellerische Bearbeitung seiner Erzählung
29. - Beichte Frau Schrotts   **Rückblende (voriges Jahr)**
30. - Matthäi kann Realität nicht mehr aufnehmen

3.3.2   Gattungstheoretische Einordnung

Die Frage nach der literarischen Gattung scheint ganz am Anfang des Roman bereits beantwortet und doch gleichzeitig problematisiert. Dürrenmatt wählt den Untertitel "Requiem auf den Kriminalroman" und legt damit zweierlei nahe: zum einen, daß es sich bei "Das Versprechen" um eben diesen Romantypus handelt, und zum anderen, daß der Autor ihn für nicht mehr zeitgemäß, also gewissermaßen für tot hält. Die Klassifizierung von "Das Versprechen" als Kriminalroman ist allerdings nicht unproblematisch.

Legt man die gängigen Definitionen zugrunde, so handelt es sich bei *Das Versprechen* nicht um einen Kriminalroman. Anders als in typischen Kriminalromanen oder -novellen (lat. 'crimen' = Verbrechen) wie Schillers *Verbrecher aus verlorener Ehre,* Kleists *Michael Kohlhaas* oder Hoffmanns *Das Fräulein von Scuderi* stehen hier nämlich weder die gesellschaftliche Genese des Verbrechens noch die Person des Verbrechers und seine psychologischen Bedingungen im Vordergrund. Im Gegenteil, der Mörder Schrott wird erst am Ende erkennbar, und zwar nicht als eigenständige Romanfigur, sondern lediglich im Rahmen der Beichte Frau Schrotts. Der Ursprung seiner Geisteskrankheit und das ihr zugrundeliegende psychologische Muster bleiben im dunkeln, der Motor für seine Mordtaten ist eine eher grob gezeichnete debile Triebhaftigkeit.

Thematisches Zentrum des Romans ist vielmehr die Figur des Kommissärs Matthäi und sein Scheitern an der Unberechenbarkeit der Realität. Matthäi tritt zunächst als der klassische Detektiv an. Er repräsentiert den Typus des blitzgescheiten Rätsellösers, der in Sherlock Holmes seinen pointiertesten Vertreter gefunden hat. Der Detektiv (lat. 'detegere' = aufdecken, enthüllen) vertraut der kühlen Rationalität und beherrscht das Regelwerk der Logik. Er baut auf Kognition und Kombination, verzichtet auf emotionale Regungen und kommt so zu den entscheidenden Schlüssen, die ihm die Lösung des Falles erlauben. Matthäi steht in genau dieser Tradition der Detektivfigur, und insofern wäre die Bezeichnung von "Das Versprechen" als Detektivroman schlüssiger.

Was aber ist nun mit dem Begriff "Requiem" gemeint? Legt man die Wortbedeutung 'Totenmesse' zugrunde, dann kann der Untertitel so verstanden werden, daß mit diesem Roman die Gattung des Kriminal- oder Detektivromans gewissermaßen zu Grabe getragen wird. Der Grund dafür, daß der Detektivroman sich überlebt hat, liegt in einer veränderten Weltwahrnehmung. Solange die Welt als ein stimmiges, in sich sinnhaftes Gefüge empfunden wird, ist der rationale Intellekt des Detektivs eine scharfe Waffe, die potentiell jedes Rätsel lösen kann. Woran aber scheitert Matthäi? Der Autounfall Schrotts ist das Unvorhersehbare, das nicht Berechenbare, das seinen wohlkalkulierten Plan scheitern läßt. In genau diese Richtung geht die Kritik des Kommandanten in der Rahmenhandlung:

> "Ein Geschehen kann schon allein deshalb nicht wie eine Rechnung aufgehen, weil wir nie alle notwendigen Faktoren kennen, sondern nur einige wenige, meistens recht nebensächliche. Auch spielt das

Zufällige, Unberechenbare, Inkommensurable eine zu große Rolle. Unsere Gesetze fußen nur auf Wahrscheinlichkeit, auf Statistik, nicht auf Kausalität, treffen nur im allgemeinen zu, nicht im besonderen." (S. 18-19)

Hier wird eine modernere Weltsicht formuliert. Es gibt keine logisch entschlüsselbare Realität, und wenn es sie doch gäbe, wären wir mit unserer beschränkten Perspektive nicht in der Lage, sie zu erfassen. Die Welt ist letztlich keine geordnete, sondern eine chaotische. Damit ist der Gattung des Detektivromans der Boden entzogen, der scharfe Intellekt des Detektivs trifft ins Leere. Der Detektiv, "eine der typischsten Gestalten des neunzehnten Jahrhunderts"[20] wird als Fiktion identifiziert und als Anachronismus entlarvt. Folgerichtig tritt Dürrenmatt zur "vollständige(n) Zerstörung der überlieferten Kunstform"[21] Detektivroman an.

Das Scheitern des Detektivs ist aber nur eine von mehreren Hinsichten, in denen "Das Versprechen" von den Mustern der klassischen Detektivromanen abweicht.[22] Typische Orte der Handlung in klassischen Kriminalromanen sind eng eingegrenzte Räume, z. B. Schlösser oder Landhäuser. Durch diese Reduzierung auf einen Mikrokosmos können auswärtige Einflüsse und damit Störungen im Prozeß des Rätsellösens verhindert werden. *Das Versprechen* hingegen bietet eine Reihe von Schauplätzen (Chur, Zürich, Mägendorf, Polizeiwache, Flugplatz, Hospital, ...) in der gesamten Schweiz, die außerdem häufig wechseln. Auch zeitlich ist der Roman recht konkret in der Nachkriegszeit plaziert, und zwar die Rahmenhandlung Mitte bis Ende der 50ger Jahre, die Binnenhandlung knapp neun Jahre zuvor (vgl. S.19). Die klassische Form ist in aller Regel recht eng um die Kernfrage "Wer ist der Täter" strukturiert (Whodunit-Prinzip). Alle weiteren Fragen sind dem nachgeordnet. In *Das Versprechen* ist die Rätselstruktur zwar vorhanden, aber eigentlich irrelevant. Gelöst wird das Rätsel nicht vom Detektiv, sondern von Frau Schrott, und zwar eher beiläufig und aus großer zeitlicher Distanz. Der Fokus verlagert sich stattdessen immer mehr auf die Person des Detektivs und sein Irrewerden. In der klassischen Form wird die Tat meist aus niederen Motiven (Habgier, Neid, Eifersucht) begangen und ist damit rational nachvollziehbar. In *Das Versprechen* geht es nicht um eine psychologisch motivierte Tat, sondern um ein psychopathologisch motiviertes Triebverbrechen, dessen Kausalität sich allgemein logischem Kalkül entzieht. Damit der Detektiv angemessen herausgefordert wird, muß der Täter ihm an Intellekt gewachsen, wenn auch nicht in letzter Konsequenz ebenbürtig sein. Aus dem Täter als würdigem Gegenspieler aber ist in *Das Versprechen* ein Geistesschwacher geworden, der dumpf und ohne jede kriminalistische Rafinesse handelt.

Die folgende Übersicht faßt die erwähnten Unterschiede zusammen:

	Klassische Form	"Das Versprechen"
setting	sehr begrenzt, Mikrokosmos, oft zeitlich nicht definiert	offen, viele wechselnde Schauplätze, zeitlich klar definiert (Nachkriegszeit, 50ger Jahre)
zentrales Thema	Whodunit? Rätselstruktur	Schicksal des Protagonisten
Tat	Mord aus Habgier Rache, o.ä.	Triebverbrechen
Täter	kluger Kopf, würdiger Gegenspieler	Geisteskranker
Detektiv	kühler Logiker löst Fall	kühler Logiker wird irre

4. Textausgaben

Der Text erschien ursprünglich 1958 im Zürcher Verlag der Arche und ist heute in zwei weitgehend textidentischen, preisgünstigen Taschenbuchausgaben erhältlich. Der Deutsche Taschenbuch Verlag (dtv) bringt eine ungekürzte Ausgabe (Bd. 1390). Diese verzichtet allerdings wie die Erstausgabe auf Kapiteleinteilungen, so daß der Leser mit 150 Seiten durchgehendem Text konfrontiert ist. Insbesondere für die unterrichtliche Arbeit ist dies sicherlich ein Nachteil. Außerdem fehlt dieser Ausgabe der gattungs- und entstehungsgeschichtlich bedeutsame Untertitel "Requiem auf den Kriminalroman", den zu thematisieren im Unterricht sicherlich lohnend wäre. Im Diogenes Verlag erscheint "Das Versprechen" als Band 22 der Werkausgabe in dreißig Bänden. Der Verlag betont, daß diese Ausgabe "in Zusammenarbeit mit dem Autor" erstellt wurde. Der Band (detebe 20852) ist einzeln erhältlich; er berücksichtigt Untertitel und Kapiteleinteilung und bietet einen zweiten kurzen Text, das Fragment "Aufenthalt in einer kleinen Stadt".

5. Der Text im Unterricht

5.1 Vorbereitende Lektüre und Lektürequiz

Es besteht in der Literaturdidaktik weitgehend Einigkeit darüber, daß vor der Bearbeitung einzelner Szenen oder Aspekte eines Textes die Lektüre des gesamten Textes stehen sollte. Um Schülerinnen und Schüler zu genauem und konzentriertem Lesen zu motivieren, ist es möglicherweise sinnvoll, ihnen ein "Literaturquiz" in Aussicht zu stellen. Dieses Quiz sollte nach einer angemessenen Lesezeit (etwa zwei Wochen) kommen, aber vor die ersten Unterrichtseinheiten plaziert werden. Dabei ist wichtig, den spielerischen Aspekt eines solchen "Quiz" zu betonen. Aus diesem Grunde sollten die Fragen sehr kurz zu beantworten sein und lediglich auf ein Oberflächenverständnis des Textes zielen, also keinerlei analytische Leistung verlangen. Das Quiz bietet Schülerinnen und Schülern die Möglichkeit, die Intensität und Qualität ihres ersten Lesens selbst einzuschätzen und eine zu unkonzentrierte Lektüre gegebenenfalls als solche zu erkennen. Es folgt ein Beispiel für ein "Quiz" nach dem Multiple-Choice-Verfahren:

Literaturquiz: Dürrenmatt - "Das Versprechen"
(Es gibt jeweils <u>eine</u> richtige Lösung!)

1. **Dürrenmatt nennt seinen Roman "Das Versprechen" im Untertitel:**
   a) "Requiem auf den Kriminalroman" b) "Requisit für einen Kriminalroman"
   c) "Ein Requiem auf die Schweiz" d) "Relikte eines Kriminalromans"

2. **Der Erzähler und der Kommandant treffen sich ...**
   a) in Zürich. b) bei einem Vortrag von Emil Staiger.
   c) in einer Hotelbar in Chur. d) in Mägendorf.

3. **Kommissär Matthäi soll ... werden.**
   a) Sekretär des jordanischen Königs b) Berater für Polizeiorganisation in Jordanien
   c) Leiter der Mordkommission von Amman d) Professor für Kriminologie in Jordanien

4. **Mägendorf ist ...**
   a) eine Kleinstadt in Süddeutschland. b) ein Dorf in der Nähe von Zürich.
   c) die Hauptstadt des Kantons Graubünden. d) ein Dorf in Graubünden.

5. **Der Tatverdächtige van Gunten ist ein ...**
   a) Vertreter für Rasierklingen. b) Gemeindepräsident.
   c) Bergbauer. d) Hausierer.

6. **Herr Henzi ist...**
   a) der Lehrer des Gritli Moser. b) der Staatsanwalt.
   c) Polizeibeamter. d) Hilfspolizist.

7. **In der Szene vor dem Gasthaus (Kap. 7) fordern die Mägendorfer ...**
   a) den Kopf van Guntens. b) eine bessere Polizei.
   c) "Freiheit für Jordanien". d) Demokratie.

8. **Von Gunten erhängt sich, weil er ...**
   a) hoffnunglos verschuldet ist. b) Gritli Moser ermordet hat.
   c) unschuldig ist, aber niemand ihm glaubt. d) während des Kreuzverhörs körperlich gefoltert wurde.

9. **Matthäi fliegt nicht nach Jordanien, weil er ...**
   a) sein Versprechen noch nicht eingelöst hat. b) in der Schweiz bessere Aufstiegschancen vermutet.
   c) Wüstenklima nicht verträgt. d) seine Schwester in Dänemark erkrankt ist.

10. **Dr. Locher ist ...**
    a) Psychiater. b) Matthäis Assistent.
    c) Psychologe. d) Psychopath.

11. **Matthäi gibt sein Versprechen...**
    a) der Lehrerin des Gritli. b) der Kantonspolizei.
    c) den Eltern des Gritli. d) den Eltern und den Mägendorfern.

12. Die Hottinger ist ...
a) Annemaries Mutter.
b) Matthäis Schwester.
c) Dr. Lochers Tochter.
d) Henzis Frau.

13. Die kleine Annemarie ist...
a) die Tochter Matthäis.
b) die Tochter von Staatsanwalt Burckhardt.
c) die Tochter van Guntens.
d) der Lockvogel Matthäis.

14. Der Mörder des Gritli...
a) wird nie ermittelt.
b) wird von Matthäi gefaßt.
c) stirbt bei einem Unfall.
d) wird gelyncht.

15. Matthäi ist am Schluß ...
a) Leiter der Mordkommission.
b) psychisch am Ende.
c) wieder gesund.
d) Pensionär.

16. Der Fall wird letztlich ... geklärt.
a) während eines Verhörs
b) überhaupt nicht
c) am Sterbebett einer alten Frau
d) im Speisesaal der "Kronenhalle"

Schlüssel:1-a, 2-c, 3-b, 4-b, 5-d, 6-c, 7-a, 8-c, 9-a, 10-a, 11-c, 12-d, 13-d, 14-c, 15-b, 16-c.

5.2 Film und Roman

Es liegt nahe, den Film "Es geschah am hellichten Tag" bei der Behandlung des Romans zu berücksichtigen. Dabei sollte vermieden werden, dem verbreiteten methodischen Muster zu folgen, das darin besteht, nach der analytischen Lektüre des Romans die Unterrichtsreihe mit dem Betrachten des Film enden zu lassen. Allzu leicht geraten die qualitätiven Besonderheiten des Mediums Film dabei aus dem Blick und die unvermeidlichen Reduktionen des Films werden wortreich bedauert, ohne daß durch ihn möglich gewordene inhaltliche und ästhetische Zugewinne gewürdigt werden. Von einem wertenden Vergleich zwischen Roman und Film sollte also abgesehen werden - es sei denn, die Beteiligten Lehrer(innen) und Schüler(innen) verfügen über besondere Erfahrungen in der Filmanalyse.

Überhaupt bietet sich angesichts der Entstehungsgeschichte beider Produkte eine andere Vorgehensweise an. Warum nicht in diesem Fall mit dem Ansehen des Films beginnen, ja den Film noch vor die Lektüre des Romans plazieren? Auf diese Weise läßt sich das Vorhaben Dürrenmatts nachvollziehen, den Stoff aufs neue aufzugreifen und weiterzudenken "jenseits des Pädagogischen" und mit den Zielen, die sich dem Nachwort zu *Das Versprechen* entnehmen lassen.

Im folgenden einige Unterschiede zwischen Film und Roman:[23]

-   Matthäi erscheint im Film als weniger ambivalente und ungebrochene Persönlichkeit. Zu Annemarie entwickelt er eine liebevolle, persönliche Beziehung. Daß er das Kind als Köder benutzt, wirkt weniger verwerflich, das Happy End im Film ist da hilfreich. Von seinen Mitarbeitern wird er geschätzt, sein Junggesellentum wird mit einer enttäuschten Liebe begründet. Insgesamt erscheint er als ein erfolgreicher, "überaus sympathischer Held".[24]

-   Der Psychiater im Film heißt Professor Manz und ist ein Freund Matthäis.

-   Im Film fährt Matthäi zuerst zum Flugplatz und anschließend nach Mägendorf, im Roman verhält es sich umgekehrt.

-   Frau Heller ist im Film keine Prostituierte.

-   Im Film besteigt Matthäi das Flugzeug, sieht dort eine Frau, die Schokoladetrüffel ißt und entschlüsselt so die "Igel". Im Roman macht er bereits vor dem Betreten der Maschine kehrt und identifiziert die "Igel" erst später, als Annemarie Trüffel von Schrott erhalten und davon klebrige Hände hat.

-   Im Film sieht er die Zeichnung Gritlis bereits beim ersten Besuch in Fräulein Krumms Schulklasse, im Roman bricht er später nach einem Hinweis von Ursula Fehlmann ins Schulgebäude ein und entwendet die Zeichnung.

-   Am wichtigsten ist sicherlich der Schluß. Während im Film der Mörder gefaßt wird, Matthäis geniales Kalkül von der Überwältigung des (nicht verunglückten) Mörders Schrott gekrönt wird, bekommt die Romanfigur den Mörder nie zu Gesicht, scheitert an einem Zufall und verfällt dem Wahn.

5.3 Produktionsorientierter Textumgang

Wie läßt sich eine lebendige Auseinandersetzung mit dem Text inszenieren? Oder umgekehrt, welche Möglichkeiten gibt es jenseits schematischer, ja oftmals stereotyper Analysemuster? Wie reagiert man auf die sicher nicht ganz unberechtigte Kritik vieler Schülerinnen und Schüler, Literaturunterricht "verbeiße" sich in ein phantasieloses "Zerfleddern" des Textes? Und schließlich, wie läßt sich eine passive Leserhaltung überwinden, bei der das

Handeln ausschließlich als Privileg des Autors und der Leser daneben als stummer Rezipient gesehen wird? Ungeachtet der längst nicht abgeschlossenen Diskussion über das Für und Wider, über Grenzen und Möglichkeiten "handlungsorientierter" oder "produktionsorientierter" Verfahren im Umgang mit literarischen Texten und ungeachtet der verschiedenen methodischen Ansätze hierzu werden im folgenden einige Vorschläge zu solchen, womöglich kreativeren Aktivitäten gegeben.

Vorschlag 1

Man sehe den Roman als ein Konglomerat von vielen potentiellen Texten, von denen aber nur einer, nämlich der vorliegende, realisiert ist. Also ist eine große Menge von Texten - einige davon sehr naheliegend, andere weiter entfernt - unverfaßt geblieben. Solche unverfaßt gebliebenen Texte können zum Anlaß zur schriftlichen Auseinandersetzung mit dem Text - sei es als Hausaufgabe oder Übung, sei es als Klausur - gemacht werden. Solche Texte werden im Text selbst erwähnt, z. B

- Dr. Lochers **dienstlicher Bericht** an den Kommandanten über Matthäis Besuch (Kap. 22).

Andere zu realisierende Texte könnten sein:

- **Tagebucheintrag** Matthäis über seinen Besuch bei den Mosers (Kap. 6)
- **Brief** Matthäis an seine Schwester in Dänemark, in dem er seinen Zustand schildert
- **Zeitungsbericht** eines Lokalreporters über die Auseinandersetzung Matthäis mit den Mägendorfern (Kap. 7)
- **Protokoll** von Treuler oder Henzi über das Verhör von van Gunten (Kap. 13)
- **Dialog** zwischen zwei Ganoven über die wundersamen Veränderungen des ehemaligen Polizisten Matthäi (Kap. 23)
- **Predigt** des Pfarrers Beck am Sonntag, nachdem er die Beichte Frau Schrotts gehört hat (Kap. 29)

Relativ leicht lassen sich so Schreibanlässe für unterschiedliche Textsorten finden, die im Sinne von "Zieltexten" konkreter in Handlungszusammenhänge eingebettet sind als die nur im schulischen Kontext vorstellbaren Analyseübungen.

Vorschlag 2

Man greife die Spekulationen des Kommandanten in Kapitel 28 auf und reflektiere alternative Möglichkeiten, den Text zu Ende zu bringen. Man könnte "Matthäi recht bekommen und den Mörder fangen lassen" (S. 142) und aus diesem Blickwinkel dazu anregen, ein entsprechendes Schlußkapitel zu verfassen. Detaillierte Überlegungen dazu bringt der Kommandant selbst (S. 143).

Vorschlag 3

Man begreife die Fiktion des Romans als Ausgangspunkt für Stellungnahmen der Schülerinnen und Schüler. So lassen sich als Alternativen zu den üblichen Charaktistiken andere Formen der Auseinandersetzung mit den Romanfiguren denken. Man denke an

-   **Interviews** mit Romanfiguren
-   **Plädoyers** für oder wider die Schuld Matthäis oder Schrotts u. ä.

Es ist zu hoffen, daß solche, in Realität eingebetteten Schreibanlässe in kooperativen Unterrichtssituationen besondere Motivationsanreize bieten. Daneben aber ermöglicht der Umgang mit und die Produktion von so unterschiedlichen Textsorten wie Zeitungsbericht und Plädoyer eine Ausweitung der sonst üblichen Textarbeit zwischen Rezeption eines fiktionales Textes und Produktion eines mehr oder minder sinnvollen Sachtextes dazu. Zu den ansonsten so sehr im Vordergrund stehenden darstellenden Texten aus Schüler(innen)hand kommt nunmehr auch die Produktion von ausdrucks- und appellbetonten Texten.

6. Ergänzende Texte

6.1 Peter Nusser: Der Kriminalroman - Terminologische Klärung[25]

Überblickt man die neueren Arbeiten zur Kriminalliteratur, so ist festzustellen, daß sich in terminologischer Hinsicht eine Übereinkunft eingespielt hat, die auf guten Argumenten beruht. Zunächst ist die Kriminalliteratur von der sogenannten Verbrechensliteratur (Verbrechensdichtung) abzugrenzen. Obwohl der Begriff Kriminalliteratur von lat. crimen = Verbrechen abgeleitet ist, man also folgerichtig davon ausgehen müßte, Kriminalliteratur sei mit Verbrechensliteratur identisch, hat sich die getroffene Unterscheidung als notwendig und nützlich erwiesen.

Verbrechensliteratur "forscht nach dem Ursprung, der Wirkung und dem Sinn des Verbrechens und damit nach der Tragik der menschlichen Existenz" (R.Gerber). Sie versucht die Motivation des Verbrechers, seine äußeren und inneren Konflikte, seine Strafe zu erklären. Zur Verbrechensliteratur gehören Kunstwerke wie der "König Ödipus" des Sophokles oder Dostojewskis "Schuld und Sühne", aber auch die vielen trivialen Räuberromane des 18. Jahrhunderts, als deren bekanntestes Beispiel hier nur "Rinaldo Rinaldini" von Ch. A. Vulpius genannt sei.

Auch die Kriminalliteratur beschäftigt sich - wenn auch meist nur am Rande - mit dem Verbrechen und mit der Strafe, die den Verbrecher ereilt. Was sie jedoch inhaltlich von der Verbrechensliteratur abhebt, sind die in ihr dargestellten Anstrengungen, die zur Aufdeckung des Verbrechens und zur Überführung und Bestrafung des Täters notwendig sind. Erst die Fragen, wer diese Anstrengungen unternimmt und wie sie unternommen und erzählt werden, führen dann zu weiteren Untergliederungen. Insofern wird der Begriff Kriminalliteratur (Kriminalroman, Kriminalerzählung) heute als Oberbegriff verwendet. (...)

Die meisten Literaturwissenschaftler unterteilen die Kriminalliteratur in zwei idealtypische Stränge, die sich berühren können, sich im allgemeinen aber aufgrund inhaltlicher wie formaler Kriterien auseinanderhalten lassen, obwohl sie dem gleichen "Gattungskontext" angehören. Gerber spricht deswegen von den beiden Enden oder Polen eines Spektrums. Den einen Strang bzw. das eine Ende des Spektrums bilden der Detektivroman bzw. die Detektiverzählung (der Begriff Detektiv kommt aus dem Englischen: to detect (lat. detegere) = aufdecken, enthüllen; detective = Geheimpolizist), den anderen Strang bzw. das andere Ende des Spektrums bilden der

"Thriller" (der Begriff kommt ebenfalls aus dem Englischen: to thrill = schauern, erbeben; thriller = Schauerroman) oder der kriminalistische Abenteuerroman (im folgenden wird wegen seiner Praktikabilität und Popularität der Begriff "Thriller" verwendet) bzw. die "kriminalistische Abenteuererzählung". Als vorläufige Erläuterung (...) mag hier stehen: Der *Detektivroman* bzw. die *Detektiverzählung* sind inhaltlich dadurch gekennzeichnet, daß sie die näheren Umstände eines geschehenen Verbrechens (fast ausschließlich des Mordes) im Dunkeln lassen und die vorrangig intellektuellen Bemühungen eines Detektivs darstellen, dieses Dunkel zu erhellen. Dabei wird einerseits das Geheimnis, welches das Vebrechen umgibt, für den Leser planmäßig verstärkt (z.B. durch die Kumulation in die Irre führender Verdächtigungen), andererseits das Rätselhafte durch die zwingende Gedankenarbeit des Detektivs systematisch abgebaut (Reduktion der Verdächtigen). Aus dieser Konkurrenz der Kompositionselemente resultiert die innere Spannung der Detektivliteratur.

Formal trägt die Detektivliteratur wesentliche Kennzeichen der analytischen Erzählung. Die Handlung besteht primär aus Untersuchungen und Verhören, also auch Reflexionen über bereits Geschehenes. Das Ziel des Erzählens ist rückwärts gerichtet, auf die Rekonstruktion des verbrecherischen Tatvorgangs, also einer bereits abgelaufenen Handlung, die dann am Schluß nach Überführung des Täters für den Leser meist kurz in chronologischer Folge zusammengefaßt wird.

Versucht man den Thriller bzw. die kriminalistische Abenteuererzählung inhaltlich der Detektivliteratur gegenüberzustellen, so läßt sich in erster Linie die Differenz in der Vorgehensweise des Detektivs (bzw. des Polizeibeamten) konstatieren. Weniger die hindernisreiche gedankliche Entschlüsselung des verrätselten Verbrechens wird dargestellt, als vielmehr die Verfolgungsjagd eines schon bald identifizierten oder von vornherein bekannten Verbrechers. Der Thriller besteht meist aus einer Kette aktionsgeladener Szenen (oft Szenen des Kampfes mit allen seinen Begleiterscheinungen wie Flucht, Verfolgung, Gefangennahme, Befreiung usw.), in denen der Detektiv (oder der Protagonist des Gesetzes) sich mit Widerständen auseinandersetzt, die sich ihm als äußere Hindernisse in den Weg stellen, die überwunden werden, oder als Personen, die beseitigt werden müssen. Da diese Form der Kriminalliteratur weniger das Geheimnis eines verbrecherischen Tathergangs als vielmehr die Person des Täters (oder einer Tätergruppe) als Zielobjekt des oder der Helden aufbaut, lassen sich grundsätzlich auch die Motive des Verbrechens in der Handlung mitentwikkeln. Die Darstellung der Verfolgung des Verbrechens führt im Gegensatz zur Detektivliteratur zu der vorwärtsgerichteten, chronologischen Erzählweise des typischen Abenteuerromans.

(...)

Im allgemeinen geht man davon aus, daß die Detektivliteratur in der Nähe der kurzen Erzählformen steht, weil sie eine Anzahl für diese typischer Kennzeichen trägt: das einzelne Ereignis, die unerhörte Begebenheit (der Mord), der mit der Aufklärungsarbeit verbundene einheitliche Spannungsaufbau. Dies, so wird gefolgert, gebe nicht nur dem Detektivroman meist den Charakter einer (längeren) Erzählung, sondern erkläre generell die große Zahl der kürzeren, von den Autoren ausdrücklich als Detektiverzählung ausgewiesenen Texte. (...) Auch wenn man historisch argumentiert und die literarischen Wurzeln isoliert, aus denen die Detektivliteratur zusammenwuchs, stößt man u. a. auf das Rätsel, auf Rätselmärchen, auf Erzählungen, die von listigen Einfällen handeln, auf Prozeßberichte, also im wesentlichen auf literarische Kurzformen, nicht auf Langformen.

6.2 Bertolt Brecht - Über die Popularität des Kriminalromans[26)]

Ohne Zweifel trägt der Kriminalroman alle Merkmale eines blühenden Literaturzweiges zur Schau. In den periodischen Umfragen nach den "Bestsellers" wird er zwar kaum je genannt, und das braucht keineswegs daher zu kommen, daß er überhaupt nicht zur "Literatur" gerechnet wird. Es ist viel wahrscheinlicher, daß die breite Masse wirklich immer noch den psychologischen Roman bevorzugt und der Kriminalroman nur von einer, wenn auch zahlenmäßig kräftigen, aber eben doch nicht überwältigenden Gemeinde von Kennern auf den Schild gehoben wird. Bei diesen jedoch hat das Kriminalromanlesen den Charakter und die Stärke einer Gewohnheit angenommen. Es ist eine intellektuelle Gewohnheit.

Man kann das Lesen psychologischer (oder sollen wir sagen: literarischer) Romane nicht mit derselben Sicherheit eine intellektuelle Beschäftigung nennen, denn der psychologische (literarische) Roman erschließt sich dem Leser durch im wesentlichen andere Operationen als durch logisches Denken. Es steht dem Kreuzworträtsel nahe, was das betrifft.

Dementsprechend hat er ein Schema und zeigt seine Kraft in der Variation. Kein Kriminalromanschreiber wird die leisesten Skrupel fühlen, wenn er seinen Mord im Bibliothekszimmer eines lordlichen Landbesitzes vorgehen läßt, obwohl das höchst unoriginell ist. Die Charaktere werden selten gewechselt, und Motive für den Mord gibt es nur ganz wenige. Weder in die Kreierung neuer Charaktere noch in die Aufstöberung neuer Motive für die Tat investiert der gute Kriminalromanschreiber viel Talent oder Nachdenken. Es kommt nicht darauf an. Wer, zur Kenntnis nehmend, daß ein Zehntel aller Morde im Pfarrhof passieren, ausruft: "Immer dasselbe!", der hat den Kriminalroman nicht verstanden. Er könnte ebensogut im Theater schon beim Aufgehen des Vorhangs ausrufen: "Immer dasselbe!" Die Originalität liegt in anderem. Die Tatsache, daß ein Charakteristikum des Kriminalromans in der Variation mehr oder weniger festgelegter Elemente liegt, verleiht dem ganzen Genre sogar das ästhetische Niveau. Es ist eines der Merkmale eines kultivierten Literaturzweiges.

Übrigens beruht das "Immer dasselbe" des Nichtkenners auf dem gleichen Irrtum wie das Urteil des weißen Mannes, daß alle Neger gleich aussehen. Es gibt eine Menge von Schemata für den Kriminalroman, wichtig ist nur, daß es Schemata sind.

Wie die Welt selber wird auch der Kriminalroman von den Engländern beherrscht. Der Kodex des englischen Kriminalromans ist der reichste und der geschlossenste. Er erfreut sich der strengsten Regeln, und sie sind in guten essayistischen Arbeiten niedergelegt. Die Amerikaner haben weit schwächere Schemata und machen sich, vom englischen Standpunkt aus, der Originalitätshascherei schuldig. Ihre Morde geschehen am laufenden Band und haben Epidemiecharakter. Gelegentlich sinken Romane zum Thriller herunter, das heißt, der Thrill ist kein spiritueller mehr, sondern nur noch ein rein nervenmmäßiger.

Der gute englische Kriminalroman ist vor allem fair. Er zeigt moralische Stärke. To play the game ist Ehrensache. Der Leser wird nicht getäuscht, alles Material wird ihm unterbreitet, bevor der Detektiv das Rätsel löst. Er wird instand gesetzt, die Lösung selber in Angriff zu nehmen.

Es ist erstaunlich, wie sehr das Grundschema des guten Kriminalromans an die Arbeitsweise unserer Physiker erinnert. Zuerst werden gewisse Fakten notiert. Da ist ein Leichnam. Die Uhr ist zerbrochen und steht auf 2 Uhr. Die Haushälterin hat eine gesunde Tante. Der Himmel war in dieser Nacht bewölkt. Und so weiter und so weiter. Dann werden Arbeitshypothesen aufgestellt, welche die Fakten decken können. Durch den Hinzutritt neuer Fakten oder die Entwertung bereits notierter Fakten entsteht der Zwang, eine neue Arbeitshypothese zu suchen. Am Ende kommt der Test der Arbeitshypothese: das Experiment. Wenn die These richtig ist, dann muß der Mörder aufgrund einer bestimmten Maßnahme dann und dann da und da erscheinen. Entscheidend ist, daß nicht die Handlungen aus den Charakteren, sondern die Charaktere aus den Handlungen entwickelt werden. Man sieht die Leute agieren, in Bruchstücken. Ihre Motive sind im dunkeln und müssen logisch erschlossen werden. Als ausschlaggebend für ihre Handlungen werden ihre Interessen angenommen, und zwar beinahe ausschließlich ihre materiellen Interessen. Nach ihnen wird gesucht. (...)

Der intellektuelle Genuß kommt zustande bei der *Denkaufgabe*, die der Kriminalroman dem Detektiv und dem Leser stellt. Zunächst bekommt die Beobachtungsgabe ein Feld, auf dem sie spielen kann. Aus den Deformierungen der Szenerie wird der Vorgang aufgebaut, der sich abgespielt hat; aus dem Schlachtfeld wird die Schlacht rekonstruiert. Das Unerwartete spielt eine Rolle. Wir haben *Unstimmigkeiten* zu entdecken. Der Chirurg hat schwielige Hände, der Fußboden ist trocken, obwohl das Fenster offensteht und es geregnet hat; der Butler war wach, aber er hat den Schuß nicht gehört. Dann werden die Zeugenaussagen kritisch gemustert: dies ist Lüge, das Irrtum. Im letzteren Fall beobachten wir sozusagen durch Instrumente, die ungenau registrieren, und haben die Grade der Abweichungen zu konstatieren. Dieses Beobachtungen-Anstellen, daraus Schlüsse-Ziehen und damit zu Entschlüssen-Kommen gewährt uns allerhand Befriedigung, schon deshalb, weil der Alltag uns einen so effektiven Denkprozeß selten gestattet und sich für gewöhnlich viele Hindernisse zwischen Beobachtung und Schlußfolgerung sowie zwischen Schlußfolgerung und Entschluß einschalten. In den meisten Fällen sind wir überhaupt nicht in der Lage, unsere Beobachtungen zu bewerten, es gewinnt keinen Einfluß auf den Verlauf unserer Beziehungen, ob wir sie machen oder nicht. Wir sind weder Herr unserer Schlüsse noch Herr unserer Entschlüsse.

Wir bekommen im Kriminalroman jeweils ausgezirkelte Lebensabschnitte vorgesetzt, isolierte, abgesteckte kleine Komplexe von Geschehnissen, in denen die Kausalität befriedigend funktioniert. Das ergibt genußvolles Denken. Nehmen wir ein einfaches Beispiel, diesmal aus der Kriminalgeschichte, nicht aus dem Roman. Der Mord ist vermittels Leuchtgas vollführt worden. Es kommen zwei Leute als Täter in Betracht. Der eine hat ein Alibi für Mitternacht, der andere für morgens. Die Lösung wird aus dem Fakt gezogen, daß ein paar tote Fliegen am Fenstersims gefunden werden. Der Mord ist also gegen Morgen erfolgt: Die Fliegen befanden sich am erhellten Fenster - auf solche Weise können Fragen in bezug auf unser so verwickeltes Leben wirklich *entschieden* werden. (...)

Die Schwierigkeiten unserer Physiker auf dem Gebiet der Kausalität treffen wir zweifellos in unserem Alltagsleben an, aber nicht im Kriminalroman. Wir sind im Alltagsleben, soweit es sich um gesellschaftliche Situationen handelt, ganz wie die Physiker auf bestimmten Gebieten, auf eine *statistische* Kausalität angewiesen. In allen Existenzfragen, vielleicht ausgenommen nur die allerprimitivsten, müssen wir uns mit Wahrscheinlichkeitsberechnungen begnügen. Ob wir mit den und den Kenntnissen die und die Stellung bekommen werden, das kann höchstens wahrscheinlich sein. Nicht einmal für unsere eigenen Entscheidungen vermögen wir eindeutige Motive anzugeben, geschweige denn für die anderer. Die Gelegenheiten, die wir vorfinden, sind höchst undeutlich, verhüllt, verwischt. Das Kausalitätsgesetz funktioniert höchstens halbwegs. Im Kriminalroman funktioniert es wieder. Einige Kunstgriffe beseitigen die Störungsquellen. Das Gesichtsfeld ist geschickt eingeengt. Und die Schlußfolgerungen werden im Nachhinein, von der Katastrophe aus, vorgenommen. Dadurch kommen wir in eine der Spekulation natürlich sehr günstige Situation. (...)

7. Literatur

Zu Dürrenmatt allgemein:

Arnold, Armin: Friedrich Dürrenmatt, 4. Aufl. Berlin 1979.

Arnold, Armin (Hg.): Zu Friedrich Dürrenmatt, Stuttgart 1982.

Brock-Sulzer, Elisabeth: Friedrich Dürrenmatt. Stationen seines Werks, 4. Aufl., Zürich 1973

Keel, Daniel (Hg.): Herkules und Atlas. Lobreden und andere Versuche über Friedrich Dürrenmatt zum siebzigsten Geburtstag, Zürich 1990.

Keel, Daniel (Hg.): Über Friedrich Dürrenmatt, 4. Aufl., Zürich 1990.

Knapp, Gerhard P., Labroisse, Gerd (Hg.): Facetten. Studien zum 60. Geburtstag Friedrich Dürrenmatts, Bern 1981.

Knapp, Gerhard P.: Friedrich Dürrenmatt, 2. Aufl., Stuttgart 1993.

Knapp, Gerhard P.: Friedrich Dürrenmatt. Studien zu seinem Werk, Heidelberg 1976.

Knopf, Jan: Friedrich Dürrenmatt, 2. Aufl., München 1977.

Sotiraki, Flora: Friedrich Dürrenmatt als Kritiker seiner Zeit, Peter Lang, Frankfurt, Bern 1983.

Spycher, Peter: Friedrich Dürrenmatt. Das erzählerische Werk, Frauenfeld 1972.

Usmiani, Renate E.: "Friedrich Dürrenmatt, Escape Artist. A Look at the Novels". In: Mosaic 5 (1971/1972), S. 27-41.

Zum Detektiv- und Kriminalroman:

Alewyn, Richard: "Das Rätsel des Detektivromans". In: Frisé, Adolf (Hg.): Definitionen. Essays zur Literatur, Frankfurt/M. 1969, S. 117-136.

Nusser, Peter: Der Kriminalroman, 2.Aufl., Stuttgart 1992.

Zu Dürrenmatts Kriminalromanen:

Arnold, Armin: "Die Quellen von Dürrenmatts Kriminalromanen". In: Knapp, Gerhard P.: Facetten. Studien zum 60. Geburtstag Friedrich Dürrenmatts. Bern 1981.

Ashbrook, B.: "Dürrenmatt`s Detektive Stories". In: <u>The Philosophical Journal</u> 4/1964, S. 17-29.

Bialik, Wlodzimierz: "Der Zufall in den Detektivgeschichten von Friedrich Dürrenmatt". In: <u>Studia Germanica Posnaniensia</u> 5 (1975), S. 37-61.

Bodensieck, Heinrich: "Dürrenmatts Detektivgeschichten. Ihr literarischer Wert und die Möglichkeiten ihrer Behandlung im Deutschunterricht". In: <u>Pädagogische Provinz</u> 17 (1963), S. 385-96.

Gillis, William: "Dürrenmatt and the Detectives". In: <u>German Quarterly</u> 35 (1962), S. 71-74.

Leak, Gordon N.: "Dürrenmatt's Detektive Stories". In: <u>Modern Languages</u> 48 (1967), S. 65-69.

Müller, Felix: "Der Anhauch des Nichts und der Kampf für das Gute. Friedrich Dürrenmatts Kriminalromane". In: <u>Schweizer Monathefte</u> 59 (1979), S. 545-558.

Niederer, Uli: "Grotesken zum wahren Ende. Neuerlicher Versuch über Dürrenmatts Kriminialromane". In: <u>die horen</u> 34 (1989), S. 61-71.

Profitlich, Ulrich: "Der Zufall in den Komödien und Detektivromanen Friedrich Dürrenmatts". In: <u>Zeitschrift für deutsche Philologie</u> 90 (1971), S. 258-80.

Wieckenberg, Ernst-Peter: "Dürrenmatts Detektivromane". In: <u>Text und Kritik - Friedrich Dürrenmatt II</u>, München 1977, S. 8-19.

Tschimmel, Ira: "Kritik am Kriminalroman". In: Knapp, Gerhard P., Labroisse, Gerd (Hg.): <u>Facetten. Studien zum 60. Geburtstag Friedrich Dürrenmatts</u>, S. 175-190.

Zu "Das Versprechen":

Rötzer, Hans Gerd: <u>Literarische Texte verstehen und interpretieren. Eine Einführung für Schülerinnen und Schüler der Jahrgangsstufen 5 bis 10</u>, Bd. III., München, Manz Verlag 1994 (enthält ein ausführliches Kapitel zu "Das Versprechen").

Weber, Margit: "Das Versprechen. Versuch einer Analyse". In: <u>Der Deutschunterricht</u> 16 (1985), S. 275-282.

Zu relevanten Einzelaspekten:

Davian, David: "The Role of `Zufall` in the Writings of Friedrich Dürrenmatt". In: <u>Germanic Review</u> 47 (1972), S. 281-293.

Wright, A. M.: "Scientific Method and Rationality in Dürrenmatt". In: <u>German Life and Letters</u> 35 (1981/1982), S. 64-72.

Anmerkungen

1) vgl. dazu den Band von Hans Gerd Rötzer: "Literarische Texte verstehen und interpretieren. Eine Einführung für Schülerinnen und Schüler der Jahrgangsstufen 5 bis 10", Bd. III, München, Manz Verlag 1994, der eine jüngeren Schülern angemessene Interpretation des Romans bringt.

2) Auszug aus der Kritik mit dem Orignaltitel "The Ordeal of Inspector Matthäi", übersetzt von Michael Bodmer, zitiert aus der Diogenes Werkausgabe, Band 30, S. 377-378.

3) Für die im folgenden genannten vgl. Knapp, Gerhard P.: Friedrich Dürrenmatt. 2., überarbeitete und erw. Aufl., Stuttgart 1993, S. 177 ff.

4) ebenda, S. 181.

5) ebenda.

6) So zum Beispiel bei Margit Weber: "Das Versprechen. Versuch einer Analyse". In: Der Deutschunterricht 16 (1985), S. 275-282.

7) ebenda, S. 279.

8) ebenda, S. 281.

9) vgl. Ernst-Peter Wieckenberg: "Dürrenmatts Detektivromane". In: Text und Kritik 56, 1984, S. 38.

10) Heinrich Bodensieck: "Dürrenmatts Detektivgeschichten. Ihr literarischer Wert und die Möglichkeit ihrer Behandlung im Deutschunterricht". In: "Pädagogische Provinz 17 (1963), S. 393.

11) Peter Spycher. Dürrenmatt. Das erzählerische Werk. Frauenfels 1972, S. 292.

12) Wieckenberg, a.a.O., S. 40.

13) Flora Sotiraki: Friedrich Dürrenmatt als Kritiker seiner Zeit, Peter Lang, Frankfurt, Bern 1983, S. 55.

14) Ueli Niederer, "Grotesken zum wahren Ende. Neuerlicher Versuch über Dürrenmatts Kriminalromane". In: die horen 34 (1989), S. 70.

15) Wlodzimierz Bialik: "Der Zufall in den Detektivgeschichten von Friedrich Dürrenmatt". In: Studia Germanica Posnaniensia 5 (1975), S. 57.

[16] ebenda, S. 61.
[17] Peter Spycher, a.a.O., S.289.
[18] Wieckenberg, a.a.O., S. 37.
[19] Peter Spycher, a.a.O., S. 291.
[20] Dürrenmatt im Nachwort zu "Das Versprechen".
[21] Ernst-Peter Wieckenburg, a.a.O., S. 35
[22] Eine detailliertere Gegenüberstellung von klassischem Kriminalroman und "Das Versprechen" bringt Ira Tschimmel, "Kritik am Kriminalroman", in Festschrift zum 60. Geburtstag, S. 175-190.
[23] vgl. Peter Spycher, a.a.O., S. 288f. und S. 313.
[24] ebenda S. 289.
[25] aus Peter Nusser: Der Kriminalroman, Metzler, Stuttgart, 2. Aufl. 1992, gekürzt.
[26] aus Bertolt Brecht: Schriften zur Literatur und Kunst 2 (Gesammelte Werke Bd. 19), edition suhrkamp, Frankfurt 1967, gekürzt.

Blickpunkt -
Text im Unterricht

„Lesen" und „Interpretieren" von Texten dominieren seit jeher den Deutschunterricht unserer Schulen. Stets wird zunächst der Text zentraler BLICKPUNKT sein, und jede produktive und schöpferisch modulierte Arbeit wird nur entlang des gelesenen Textes erfolgen können.

In diesem Sinne will die Reihe BLICKPUNKT - TEXT IM UNTERRICHT jedem Lernenden und Unterrichtenden nicht mit „fertigen Interpretationen" näherkommen, sondern Sichtweisen und ergänzende Materialien, die den jeweiligen Text aufschließen, vermitteln.

weitere Bände folgen!

Zu beziehen in Ihrer Buchhandlung!

Joachim Beyer Verlag - 96142 Hollfeld
Telefon: 09274-95051 - Fax: 09274-95053
e-mail: Beyer.Verlag@t-online.de